محاکمه‌ی سوسیالیسم

(جلد دوم)

شرح عکس‌های روی جلد :

طراح: تونی گورتُن Toni Gorton

عکس‌ها از بالا سمت چپ در جهت عقربه‌های ساعت :

۱- نیویورک، ژوئن ۱۹۴۴. قطعنامه‌ی همایش ۸۰۰ نفره: "قانون اسمیت را لغو کنید. ۱۸ تن را عفو کنید." (نشریه‌ی *میلیتانت*)

۲- پانزده تن از هیجده عضو حزب کارگران سوسیالیست و اعضای اتحادیه رانندگان، شعبه ۵۴۴ کنگره‌ی سازمان‌های صنعتی در مینیاپولیس، ۳۱ دسامبر ۱۹۴۳، خود را تحویل می‌دهند تا دوران مجازاتشان را بر پایه اتهامات پاپوش‌دوزانه‌ی "توطئه برای ترویج سرنگونی حکومت ایالات متحده با توسل به زور و خشونت" آغاز کنند. از سمت راست: مارشال ایالات متحده، وینسنت ریموند دان Vincent R. Dunne، جیمز پی کانن James P. Cannon ، اسکار کوور پدر Oscar Coover Sr.، آلبرت گولدمن Albert Goldman، کارل اسکاگلند Carl Skoglund، مارشال ایالات متحده، فارل دابز Farrel Dobbs، فلیکس مارو Felix Morrow، امیل هنسن (قدری ناپیدا) Emil Hansen، کارلوس هادسون Carlos Hudson، گریس کارلسون Grace Carlson، هری دبور Harry Deboer، کلارنس هامل Clarence Hamel، ماکس گِلدمن Max Geldman، اد پالم‌کوئیست Ed Palmquist، جِیک کوپر (در عکس قابل رؤیت نیست) Jake Cooper . سه تن دیگر که قرار بود دوران حبس خود را در زندان کانکتیکات بگذرانند، در نیویورک خود را تحویل زندان دادند. (عکس از *میلیتانت*)

۳- هفته‌نامه‌ی شعبه‌ی ۵۴۴ کنگره‌ی سازمان‌های صنعتی به نام *ایندastریال ارگانایزر* *Industrial Organizer* در شماره اکتبر ۱۹۴۱ پاپوش‌دوزی علیه "مبارزین کارگریِ مخالف جنگ" را محکوم می‌کند.

۴- نشریه‌ی *میلیتانت*، دسامبر ۱۹۴۱، مجازات هیجده تن را در آستانه‌ی اعلام جنگ ایالات متحده علیه ژاپن گزارش می‌کند.

۵- نشریه‌ی *میلیتانت*، ژوئیه ۱۹۴۱، اهم نکات نقش اف بی آی در حمله به کنگره‌ی سازمان‌های صنعتی و حزب کارگران سوسیالیست را برجسته می‌کند.

9789645783363
Cannon / Socialism on Trial V.2

Farsi

محاکمه‌ی سوسیالیسم

(جلد دوم)

سیاست دفاعی متهمین در دادگاه فدرال ایالات متحده:
جیمز پی کانن به منتقدان ماورای چپ پاسخ می‌دهد

با مقدمه‌ی جورج نوواک

نشر طلایه پُرسو

سرشناسه :	کانن، جیمز پاتریک، ۱۸۹۰-۱۹۷۴م. Cannon, James Patrick
عنوان و نام پدیدآور :	محاکمه‌ی سوسیالیسم/ اثر جیمزپی کانن؛ ترجمه‌ی مسعود صابری.
مشخصات نشر :	تهران : طلایه پرسو، ۱۳۹۳ -
مشخصات ظاهری :	۲ج.؛ ۱۴/۵×۲۱/۵س‌م.
شابک :	۱۳۵۰۰۰ریال6-35-5783-964-978 :ج.۱؛ ۹۰۰۰۰ ریال: 3-36-5783-964-978 :ج.۲
وضعیت فهرست نویسی :	فیپا
یادداشت :	عنوان اصلی : .Socialism on trial ,6th ed ,2014
یادداشت :	ج.۲ (چاپ اول: ۱۳۹۳)(فیپا).
مندرجات :	ج.۱.شهادت در دادگاه ایالات متحده علیه اتهام شورش.-ج.۲.سیاست دفاعی متهمین در دادگاه فدرال ایالات متحده: جیمزپی کانن به منتقدان ماورای‌چپ پاسخ می‌دهد/ با مقدمه جرج نوواک.
موضوع :	کانن، جیمز پاتریک، ۱۸۹۰-۱۹۷۴م. - محاکمه‌ها، دعاوی و غیره
موضوع :	حزب کارگران سوسیالیست ایالات متحده - دفاعیه‌ها و ردیه‌ها
موضوع :	سوسیالیسم -- ایالات متحده
موضوع :	محاکمه‌های سیاسی -- ایالات متحده
موضوع :	اتحادیه‌های کارگری -- ایالات متحده
شناسه افزوده :	صابری، مسعود، ۱۳۳۰ -، مترجم
رده بندی کنگره :	۱۳۹۳ ۳۳م۲ک/HX۸۹
رده بندی دیویی :	۳۳۵/۰۰۹۷۳
شماره کتابشناسی ملی :	۳۷۲۶۵۶۹

این اثر ترجمه‌ایست از کتاب:

Socialism on Trial

Testimony at Minneapolis Sedition Trial

James P. Cannon / Edited by Steve Clark

Pathfinder Press, Sixth Edition 2014, ISBN 978-1-60488-064-9

محاکمه‌ی سوسیالیسم

(جلد دوم)

سیاست دفاعی متهمین در دادگاه فدرال ایالات متحده:

جیمز پی کانن به منتقدان ماورای چپ پاسخ می‌دهد

با مقدمه‌ی جورج نوواک

اثر: جیمز پی کانن

ترجمه‌ی: مسعود صابری

ناشر: نشر طلایه پُرسو

تیراژ: ۱۰۰۰

نوبت چاپ: اول / ۱۳۹۴

حروف چینی: طلایه پُرسو

آماده سازی چاپ: وانیا

چاپ و صحافی: وانیا

www.talayeporsoo.com

info@talayeporsoo.com/ntalaye_p@yahoo.com

آدرس ناشر: تهران- صندوق پستی ۳۴۳-۱۳۹۵۵، تلفکس: ۶۶۰۳۹۶۲۳-۰۲۱

تهران - خیابان حبیب اله - بلوار تیموری - کوچه ابراهیمی - کوچه خورشید - پلاک ۶ - طبقه ۱

شابک ۳-۳۶-۵۷۸۳-۹۶۴-۹۷۸ ISBN 978-964-5783-36-3

۱۰,۰۰۰ تومان

فهرست مطالب

عکس‌ها و تصاویر

یادداشت ناشر

محاکمه‌ی سوسیالیسم روایت یکی از مهم‌ترین محاکمات سیاسی در تاریخ ایالات متحده است.

در آستانه‌ی جنگ دوم جهانی محاکمه‌ای در ایالات متحده آمریکا برگزار شد و بنابر حکم دادگاه، هیجده تن از رهبران اتحادیه ـ کارگری و سوسیالیستی به اتهام توطئه برای شورش به زندان محکوم شدند.

در مقدمه‌ای که جوزف هنسن بر چاپ اول کتاب در حین جنگ دوم جهانی نوشت، مطرح کرد که رئیس جمهور، فرانکلین روزولت، انگیزه‌ی سیاسی وزینی برای برپا کردن محاکمه و محکوم کردن متهمین داشت. او نوشت:

"دولت روزولت که هرلحظه در شرف پرتاب ایالات متحده به سمت فاجعه‌ی جنگ دوم جهانی بود، می‌خواست که مبلغین سوسیالیسم را منزوی و ساکت کند تا مانع شود که عقایدشان گوش شنوایی در میان توده‌هایی پیدا کند که داشتند به مسلخ رانده می‌شدند."

روایت آن محاکمه در بخش اول‌کتاب پاث‌فایندر آمده است. صورتجلسات دادگاه آنجا چاپ شده و شهادت مدافع اصلی، جیمز پی کانن، در دفاع از حقانیت عقایدشان ثبت شده است. نشر طلایه پرسو آن بخش را مجزا در جلد اول کتاب منتشر کرده است.

بخش دوم کتاب *محاکمه‌ی سوسیالیسم* در برگیرنده نقد گراندیزو میونیز بر محتوای شهادت کانن در دادگاه است. آن بخش اینک بصورت جلد دوم کتاب در اختیار خوانندگان قرار می‌گیرد.

میونیز در نقد خود کانن را این گونه به عدول از عملکرد صحیح در دادگاه متهم می‌کند:

"من در صفحات طویل بازجویی از کانن، پاسخی به جز تبلیغات، تبلیغات و تبلیغات بیشتر نیافته‌ام ... چرا نباید در هنگام ادای این جملات صدای خود را بالا ببریم و کارگران را فرا بخوانیم تا خشونت خود را علیه خشونتِ ارتجاعی سازماندهی کنند؟"

کانن در پاسخ به دفاع از نحوه‌ی عملکرد و دفاعیات خود در دادگاه می‌پردازد و می‌گوید:

"وظیفه‌ی اصلی ـ استفاده از فضای دادگاه به‌عنوان تریبونی برای صحبت با آن کارگران آمریکایی است که ممکن بود برای اولین بار صدای ما را بشنوند. این به‌نظر ما لازم می‌آورد که بجای صدور فراخوانی برای اقدام عملی، صبورانه توضیح دهیم."

کانن به سنن جنبش کارگری طی ۱۵۰ سال گذشته متوسل می‌شود و برای پاسخ به اسناد تاریخی تدوین شده در این زمینه رجوع می‌کند. او به نقل از فردریک انگلس می نویسد:

"آیا ممکن است بتوان مالکیت خصوصی را با روش‌های صلح‌آمیز ملغی ساخت؟ این چیزی است که باید خیلی مشتاق آن باشیم و کمونیست‌ها در این جهان در صف اول مشتاقان حل مسایل به روش صلح‌آمیز خواهند ایستاد."

کانن سپس به تجربه‌ی انقلاب اکتبر روسیه می‌پردازد و اینکه کارگران در هر مرحله از انقلاب به روش‌های قانونی متوسل شدند و در دفاع از خود در

مقابل تهاجم حکومت تزار بود که به سمت کسب قدرت حرکت کردند و در هیچ مرحله‌ای از انقلاب آغازگر خشونت نبودند و هرگز به روش‌های پوتچیستی (اقدام عملی یک اقلیت) متوسل نشدند.

نقد و پاسخی که در این کتاب ثبت شده یکی از اسناد کلاسیک تاریخ در زمینه‌ی نحوه‌ی برخورد با مبحث خشونت انقلابی در جنبش‌های اجتماعی است. اینجا بررسی و بیان تجارب تاریخی را مطالعه می‌کنیم که به رسیدن به درک عمیق این مبحث کمک می کند.

ویراست جدید کتاب *محاکمه‌ی سوسیالیسم* را انتشارات پاث‌فایندر در سال ۲۰۱۴ همزمان به زبان‌های اسپانیایی و انگلیسی منتشر کرده است. این ویراست، بسط یافته‌ی ویراست قبلی است که در تیراژ وسیعی هفت بار به زبان انگلیسی تجدید چاپ شد. نشر طلایه پرسو ویراست قبلی را در سال ۱۳۷۹ منتشر و در سال ۱۳۹۲ تجدید چاپ کرد.

درباره‌ی جیمز پی کانن

جیمز پی کانن در سال ۱۸۹۰ در شهر رُزدیل در ایالت کانزاس به دنیا آمد و در هیجده سالگی به حزب سوسیالیست پیوست. او قبل از جنگ جهانی اول و طی این جنگ، یک سازمانده دایم‌السفر برای سازمان کارگران صنعتی جهان[1] و یکی از رهبران جناح چپ طبقه ـ کارگری حزب سوسیالیست بود. کانن یکی از رهبرانی بود که جنبش کمونیستی را در ایالات متحده بنیان‌گذاری کرد.

طی هفت ماه که از ژوئن ۱۹۲۲ تا ژانویه ۱۹۲۳ در روسیه ی شوروی اقامت داشت، کانن یکی از نمایندگان اعزامی به چهارمین کنگره‌ی بین‌الملل کمونیست و عضو هیأت رئیسه‌ی کمیته‌ی اجرایی بین‌الملل کمونیست در مسکو بود. او بعدها سِمَت دبیر اجرایی سازمان بین المللی دفاع از کارگران[2] در ایالات متحده را عهده‌دار بود؛ سازمانی سراسری که پرچم پرولتریِ "صدمه به یکی، صدمه به همه است" را به اهتزاز در آورده بود و برای آزادی تک‌تک زندانیان جنگ طبقاتی مبارزه می کرد؛ زندانیانی که به خاطر رزمندگی‌شان در جنبش کارگری برایشان پاپوش‌دوزی شده بود و بدون توجه به وابستگی سیاسی‌شان از آن‌ها دفاع می‌شد.

کانن، همراه با سایر کهنه سربازانِ رهبری حزب کمونیست، در سال ۱۹۲۸ از آن حزب اخراج شدند. علت اخراجشان، رهبری مبارزه‌ای سیاسی برای

1- Industrial Workers of the World
2- International Labor Defense

تداوم خط‌مشی انترناسیونالیستی انقلابیِ ولادیمیر ایلیچ لنین[1] بود. کانن در این مبارزه‌ی بین‌المللی به رهبر بلشویک، لئون تروتسکی[2]، پیوست.

کانن در سال ۱۹۲۹ رهبر مؤسس سازمان کمونیست آمریکا بود که در مسیر تحولش در سال ۱۹۳۸ به حزب کارگران سوسیالیست تبدیل شد. او تا سال ۱۹۵۳، دبیر سراسری حزب کارگران سوسیالیست بود و سپس صدر سراسری حزب شد و متعاقبا از سال ۱۹۷۲ تا زمان مرگش در سال ۱۹۷۴ صدر سراسری افتخاری حزب بود.

1- V.I. Lenin
2- Leon Trotsky

سایر کتب جیمز پی کانن

[عناوین این کتاب‌ها به زبان انگلیسی در آخر کتاب آمده است.م.]

نخستین ده سال کمونیسم در ایالات متحده

تاریخ تروتسکیسم در آمریکا

آپوزیسیون چپ در ایالات متحده، ۱۹۲۸- ۱۹۳۱

سازمان کمونیست آمریکا، ۱۹۳۲- ۱۹۳٤

بنیان‌گذاری حزب کارگران سوسیالیست

مبارزه برای حزبی پرولتری

حزب کارگران سوسیالیست در جنگ جهانی دوم، ۱۹٤۰- ۱۹٤۳

نامه‌هایی از زندان

مبارزه برای سوسیالیسم در "قرن آمریکایی"؛ ۱۹٤۵-۱۹٤۷

سخنرانی‌ها برای حزب

یادداشت‌های روزانه‌ی یک مبلّغ شورشی

سخنرانی‌ها برای سوسیالیسم

راه آمریکا به سوی سوسیالیسم

▪

زمینه‌ی "مبارزه برای حزبی پرولتری"

نبرد علیه فاشیسم در ایالات متحده آمریکا

فاشیسم آمریکایی چیست؟

حزب انقلابی

▪

جیمز پی کانن: ثنایی سیاسی

جیمز پی کانن: آن‌گونه که او را می‌شناختیم

جیمز پی کانن: یک انترناسیونالیست

پیشگفتار

محاکمه‌ی سوسیالیسم حاوی متن کامل شهادت جیمز پی کانن است که طی سه روز در نوامبر ۱۹۴۱ از جایگاه شهود در یک دادگاه فدرال در شهر مینیاپولیس عرضه گردید.

کانن دبیر سراسری حزب کارگران سوسیالیست بود. او همچنین یکی از هیجده کمونیست و از رهبران اتحادیه تیمسترها بود که علیه‌شان پاپوش‌دوزی شد و در آن سال بر مبنای اتهام فدرال "توطئه" محاکمه و محکوم شدند. اتهام وارده بر پایه‌ی قانون افکار ـکنترل اسمیت[1] شکل گرفته بود. آن چماق جدید را، که علیه سازمان های کارگری درست شده بود و هرگونه "تعلیم، ترویج و تهییج" عقاید انقلابی را غیرقانونی برمی‌شمرد، کنگره تصویب و رییس‌جمهور، فرانکلین روزولت[2]، در سال ۱۹۴۰ توشیح کرد. جوزف هنسِن[3] در مقدمه‌اش بر کتاب *محاکمه‌ی سوسیالیسم* نوشت:

> "دولت روزولت که هر لحظه در شرف پرتاب ایالات متحده به سمت فاجعه‌ی جنگ دوم جهانی بود، می‌خواست که مبلغین سوسیالیسم را منزوی و ساکت کند تا مانع شود که عقایدشان گوش شنوایی در میان توده‌هایی پیدا کند که داشتند به مسلخ رانده می‌شدند."

در این ویراست بسط یافته، ما مقدمه‌ای را که هنسن در سال ۱۹۴۴ بر آن نوشت اضافه کرده‌ایم. در آن زمان او سی و سه سالش بود. هنسن چندین

1- Thought-control Smith Act
2- Franklin Roosevelt
3- Josef Hansen

دهه یکی از رهبران مرکزی حزب کارگران سوسیالیست بود و تا زمان فوتش در سال ۱۹۷۹ در سِمَت سردبیری نشریه ی *میلیتانت* و انتشارات دیگری انجام وظیفه می‌کرد. مقدمه‌ی او روایت پاپوش‌دوزانه‌ی قانون اسمیت را تشریح می‌کند که منجر به محاکمات مینیاپولیس شد و همچنین مبارزه‌ی گسترده‌ای را شرح می‌دهد که حزب کارگران سوسیالیست علیه این قانون در جنبش کارگری و در میان سایر حامیان حقوق مدنیِ، تضمین شده در قانون اساسی ایالات متحده، شروع و سازماندهی کرد.

هنسن می‌نویسد که "هرگز در این کشور، در هیچ محاکمه‌ی کارگریی، مدافعین این‌گونه راسخ، این‌گونه آگاه و منسجم از پروگرام انقلابی‌شان دفاع نکرده بودند و صحن دادگاه را این چنین به تریبونی برای عرضه‌ی عقایدشان تبدیل نکرده بودند."

این همان چیزی است که خوانندگان در دفاعیات کانن در دادگاه خواهند یافت ـ عرضه‌ی شفاف و صریح برنامه‌ی کمونیستیِ طلایه‌دارانِ رزمنده‌ی طبقه‌ی کارگر.

در ۳۰ نوامبر ۱۹۴۱ در پایان یک محاکمه‌ی طولانیِ بیست و سه روزه، هیأت منصفه احکامش را صادر کرد. هیجده تن از بیست و سه تن مدافعین، که سن‌شان از بیست و پنج تا شصت سال بود، محکوم شدند و شب سال نو ۱۹۴۴ به زندان رفتند. در اواسط ماه فوریه همان سال، هنگامی که هنسن داشت مقدمه را تکمیل می‌کرد، آن‌ها یک ماه و نیم را در حبس گذرانده بودند. شش تن از مدافعین که به یک سال زندان محکوم شده بودند، ده ماه در حبس ماندند و در اکتبر ۱۹۴۴ از زندان آزاد شدند. دوازده تن دیگر، که هر کدام به شانزده ماه زندان محکوم شده بودند، چند روز کمتر از سیزده ماه را در حبس گذراندند و در ۲۴ ژانویه ۱۹۴۵ از زندان آزاد شدند.

ویراست جدید اسپانیایی *محاکمه‌ی سوسیالیسم* که در اوایل سال حاضر منتشر شد، برای نخستین بار حاوی مقاله‌ی "سیاست دفاعی در دادگاهِ مینیاپولیسِ ایالات متحده، انتقاد گراندیزو مونیز و پاسخ جیمز پی کانن"[۱] به آن زبان بود. این مقاله که در اصل به زبان انگلیسی است، در سال ۱۹۴۲ در ایالات متحده منتشر شد و شامل نقد همه‌جانبه‌ی گراندیزو میونیز علیه رهبری حزب کارگران سوسیالیست و همچنین پاسخ کانن است. میونیز یک سوسیالیست انقلابی بود که در آن زمان در مکزیک زندگی می کرد و از اواخر دهه‌ی ۱۹۳۰ که جنبش فاشیستی فرانسیسکو فرانکو[۲] بر نیروهای جمهوری خواه پیروز شد، از زادگاهش اسپانیا تبعید شده بود.

جورج نوواک در مقدمه‌اش بر این تبادل نظر می‌نویسد که "کانن در این باره به بحث می پردازد که انقلابیون چگونه در مقابل حملات از خود دفاع می کنند، هم در داخل دادگاه و هم خارج از آن." نوواک سمت دبیر سراسری کمیته‌ی دفاع از حقوق مدنی[۳] را برعهده داشت که کمپین دفاعی‌یی را سازماندهی می‌کرد که برای نبرد با پاپوش‌دوزی و سپس برای آزادی و عفو هیجده تن متهمین، به اتحادیه‌های کارگری، سازمان‌های حقوق سیاهان، کشاورزان و کارگران کشاورزی و دیگران متوسل می‌شد.

کانن در جواب به میونیز می‌نویسد که سیاست کمونیستی، که رهبری حزب کارگران سوسیالیست پیش برده است، سیاستی کارآمد و واکنشی بدون مصالحه به تلاش های حکومت ایالات متحده بود که "قصد داشت حزب را غیرقانونی کند و شاید برای مدت مدیدی برخی از کارکشته ترین رهبرانش را از ارائه‌ی خدمات فعالشان محروم سازد."

1- "Communist Policy in the Minneapolis Trial: James P. Cannon Answers His Ultraleft Critics"
2- Francisco Franco
3- Civil Rights Defense Committee

اما، کانن می گوید که "واکنش به میونیز نمایانگر چیزی به مراتب بیش از آن است و شالوده‌ی سیاست‌ها و تبلیغات کمونیستی‌یی را می‌ریزد که برای فعالیت توده‌ای در تمامی مراحل رشد و توسعه‌ی انقلاب پرولتری در ایالات متحده ضروری است."

استیو کلارک

ژانویه ۲۰۱۴

سیاست دفاعی متهمین در دادگاه فدرال ایالات متحده

جیمز پی کانن به منتقدان ماورای چپ پاسخ می‌دهد

عکس از: مجله‌ی *مدافع کارگری* Labor Defender

"متهمین مینیاپولیس با تعمق خاصی اصول و روش لازم را تدوین کرده بودند تا در دادگاه مینیاپولیس و دادگاه افکار عمومی از آن پیروی کنند. آنان مصمم بودند که بهترین و قاطع‌ترین دفاع را انجام دهند.

"کانن دبیر سراسری 'سازمان بین‌المللی دفاع کارگری' از بدو تأسیس آن در سال ۱۹۲۵ بود. در سال ۱۹۲۸ این سازمان در دفاع از متهمین چندین پرونده‌ی بسیار مشهور مشارکت داشت؛ از جمله پرونده‌های مربوط به مونی Tom Mooney **و بیلینگز** Warren K. Billings **و ساکو** Nicolo Sacco **و وانزتی** Bartonolmeo Vanzetti.."

ـ جورج نوواک

بالا: همایش "سازمان بین المللی دفاع کارگری" در شهر نیویورک، ۱۹۲۸، در ثنای نیکولو ساکو و برتانولیو وانزتی، کارگران آنارشیستی که یک سال پیش از آن بر مبنای اتهامات پاپوش دوزانه اعدام شده بودند. همایش همچنین خواستار آزادی مبارزین کارگری، تام مونی و وارن ک بیلینگز شد که بر مبنای اتهام جعلی بمب گذاری در کالیفرنیا در سال ۱۹۱۶ زندانی شده بودند.

پایین: آوریل ۱۹۲۸، نقاشی منتشر شده در مجله‌ی "مدافع کارگری" متعلق به "سازمان بین‌المللی دفاع کارگری"، که مسافرت شهر به شهر کانن برای سخنرانی با عنوان "علیه سیستم پاپوش‌دوزی در آمریکا" را به اطلاع عموم می رساند.

مقدمه

بخش دوم کتاب، محصول جانبی بخش اول آن است. گروهی که در چارچوب قانون اسمیت تحت پیگرد قانونی قرار گرفته بود، تجربه‌ی فراوانی در زمینه‌ی تعدی صاحب منصبان دولتی به حقوق انسان‌ها در مبارزات سیاسی و مبارزات اتحادیه‌های کارگری اندوخته بود. آلبرت گولدمن[1]، وکیل مدافع اصلی این گروه، خود یکی از متهمین بود. کانن دبیر سراسری سازمان بین‌المللی دفاع کارگری[2] از بدو تأسیس آن در سال ۱۹۲۵ بود. در سال ۱۹۲۸ این سازمان در دفاع از متهمین، چندین پرونده‌ی بسیار مشهور مشارکت داشت؛ از جمله پرونده‌های مربوط به مونی و بیلینگز و ساکو و وانزتی[3].

قبل از شروع محاکمه، متهمین با تعمق خاصی اصول و روش لازم را تدوین کرده بودند تا در دادگاه مینیاپولیس و دادگاه افکار عمومی از آن پیروی کنند. آنان مصمم بودند که به بهترین وجه و قاطعیت تمام از حقوق فردی خود و آرمان‌های حزب کارگران سوسیالیست و حقوق دموکراتیک اتحادیه‌های کارگری دفاع کنند. حقوقی که در این دادگاه تحت حمله قرار گرفته بود.

پس از محکوم شدن هیجده نفر، عملکردشان در محاکمه شدیداً از طرف گراندیزو میونیز[4] مورد حمله قرار گرفت. میونیز در آن زمان عضو بین‌الملل چهارم

1- Albert Goldman

2- International Labor Defense

۳- برای شرح مختصر اسامی به قسمت واژه‌نگار در آخر کتاب مراجعه شود.م.

4- Grandizo Munis

بود. او در جنگ داخلی اسپانیا علیه فرانکو مبارزه کرده بود و در آن موقع به‌عنوان یک تبعیدی در مکزیک به‌سر می‌برد. میونیز از جایگاه یک ماورای چپ به سیاست دفاعی مینیاپولیس حمله‌ور شد. نظرات او تمام و کمال به‌عنوان یکی از ضمایم این کتاب و به همراه پاسخ جامعی که کانن علیه آن نوشت در اینجا منتشر شده است. در آن زمان کانن با ضمانت موقتاً آزاد شده بود و در انتظار نتایج درخواست تجدیدنظر بسر می‌برد.

لنین در کتاب معروف خود به نام *کمونیسم چپ ـ بیماری کودکانه* به تحلیل انتقاداتی نظیر آنچه میونیز مطرح می‌کرد پرداخته است. پاسخ کانن به میونیز آن‌چنان در راستای نظرگاه لنین درباره‌ی این بیماری قرار دارد که می‌توان آن را دنباله‌ی کار لنین در زمینه‌ی رد تفکر ماورای چپ تلقی کرد، دنباله‌ای که برمبنای سنت و شرایط حاکم بر ایالات متحده در دهه‌ی ۱۹۴۰ تدوین شده است.

کانن طیف وسیعی از مسایل را در عرصه‌ی دفاع حلاجی کرد که امروز به همان اندازه موضوع روز هستند که سه دهه پیش از این بودند. دولت ایالات متحده مجدداً مشغول تصویب قوانین علیه "توطئه" است تا بدین ترتیب مبارزه علیه جنگ و نژادپرستی و مقاومت زندانیان را خفه کند و جنبش مخالفین خود را با توسل به زور و پاپوش‌دوزی درهم بشکند. کانن تشریح می‌کند که انقلابیون چگونه از خود در مقابل چنین حملاتی محافظت می‌کنند، چه در صحن دادگاه باشد یا خارج از آن.

کانن ملاحظات مفیدی را درباره‌ی تاکتیک‌های مورد استفاده در دادگاه تشریح می‌کند. چگونه می‌توان بدون زیر پا گذاشتن اصول به تدوین یک استراتژی صحیح پرداخت؟ چگونه می‌توان از حقوق قانونی خود دفاع کرد؟

چگونه می‌توان حمله‌ی دشمن را به صحنه‌ی تبلیغات انقلابی بدل کرد؟ چگونه رفتار، واژگان و لحن صحیح را در دفاع از خود به‌کار ببریم؟ چگونه میان "مانورهایی" که در خدمت اصول هستند و آنان که در تقابل با اصول قرار دارند فرق بگذاریم؟ چگونه به اتهام تهییج و یا توطئه برای به‌کارگیری خشونت پاسخ گوییم؟ و غیره.

کانن تشریح می‌کند که چگونه یک گروه انقلابی کوچک با اکثریت کارگران و متحدانشان ارتباط برقرار می‌کند؛ اکثریتی که گروه انقلابی در صدد ایجاد ارتباط با آنان و متشکل ساختن‌شان است. او خطوط نگرش مارکسیستی به پاسیفیسم، اعتراض وجدان‌گرایان و فرار از خدمت سربازی را برمی‌شمارد و توضیح می‌دهد که چرا خرابکاری وترور فردی نمی‌تواند جایگزین حرکت توده‌های مردم شود. شاید غنی‌ترین و ارزشمندترین قسمت پاسخ او آوردن مثال‌های تاریخی و شواهدی است که به‌کار می‌گیرد تا لزوم کاربرد فرمول‌های تدافعی را نشان دهد، هم به‌عنوان وسیله‌ای برای جلب حمایت توده‌های مردم و هم به‌منظور فراهم آوردن شرایط لازم برای فعالیت انقلابیِ طبقه‌ی کارگر.

جورج نوواک

اوت ۱۹۷۳

انتقاد گراندیزو میونیز

اقدام حکومت ایالات متحده، پیگرد قانونی حزب کارگران سوسیالیست و رهبران اتحادیه رانندگان کامیون مینیاپولیس، ترس ما را برانگیخت. ترس از اینکه، حتی به‌طور موقت هم که شده، سرِ جنبش ما در آمریکا به باد برود. در عین حال، امید لذت‌بخشی وجود ما را دربرگرفت. اطمینان داشتیم که پیگرد قانونی ما در دادگاه بورژوازی باعث محبوبیت نظرات انقلابی ما خواهد شد. زیرا، به رزمندگان ما فرصت خواهد داد تا عقایدمان را تماماً و شجاعانه تشریح کنند. از زمانی که آهنگ پاسخ‌های لوئیزا میشل[1] در مقابل قاضی طنین انداخت و از زمان حضور کارل مارکس در دادگاه بیسمارک، راه و رسم و افتخار جنبش جهانی ما این بوده است که متهم به شاکی تغییر یابد و میز محاکمه به سنگری برای حمله به قدرت‌های ارتجاعی تبدیل شود. این طرز برخورد، یکی از جاذبه‌های اصلی جنبش انقلابی بوده است.

من هنگامی که اولین اظهاریه‌ی منتشر شده را خواندم (نشریه *میلیتانت*، دوره پنجم، شماره ۲۹) اولین احساس تشویش خود را تجربه کردم. تشویش از اینکه تمام یا بخشی از نتایج حاصل تلف شده باشد. به‌نظر می‌رسد که لحن اولین اظهاریه موجب تعیین مسیر اظهارات بعدی شده است. من، پیرو اولین جلسه‌ی محاکمه، امید خود را زمانی بازیافتم که رفقایمان موضوع نقش ارتجاعی حکومت علیه رانندگانِ عضو اتحادیه شعبه ۵۴۴ *کنگره‌ی سازمان‌های صنعتی* (سی آی او)

1- Louise Michel

را ـ که با کمک تابین صورت گرفت ـ با حرارت افشاء کردند. اما، هنگامی که سخنرانی‌های بنیانی و پاسخ رفیق کانن به سؤالات گولدمن یا دادستان (شواین‌هات) را خواندم مجدداً احساس کردم قسمت مهمی از ثمرات سیاسی محاکمه بر باد رفته است.

در پاسخ به اتهامات وارده ـ مبارزه علیه جنگ، تبلیغ خشونت، سرنگونی قهرآمیز حکومت ـ لازم می‌آورد که صدایشان را بلند و شاکی را به متهم تبدیل کنند و حکومت و بورژوازی را به دست داشتن در یک توطئه ارتجاعی فیزیکی، اقتصادی، اخلاقی و آموزشی و هل دادن مردم به‌سوی قتلگاه با استفاده از خشونت و به منظور دفاع از منافع شصت فامیل متهم سازند. بر عکس، محاکمه درست به هنگام رسیدن بدین قسمت به طور چشم‌گیری ضعیف می‌شود، رفقای ما خود را جمع‌وجور می‌کنند، اهمیت عقاید انقلابی خود را به حداقل ممکن تقلیل می‌دهند و سعی می‌کنند هیأت منصفه را به شکل آبرومندانه‌ای تحت تأثیر قرار دهند، بدون اینکه متوجه باشند که باید به نیابت از جانب توده‌های مردم سخن بگویند. لحظاتی چند تا مرز نفی اصول پیش می‌روند. چند جمله‌ی پسندیده‌ای که گولدمن در سخنرانی اختتامیه‌اش عنوان می‌کند نیز قادر نیست اثرات رقت‌آور و منفی سخنرانی افتتاحیه‌ی او و بازپرسی از کانن را محو کند.

من انتقاد خود را با نقل گفته‌های خودشان آغاز می‌کنم، که از شماره‌های ۴۵، ۴۷، ۴۸، ۵۰ و ۵۲ دوره‌ی پنجم نشریه‌ی *میلیتانت* برگرفته شده است.

گولدمن در نخستین جمله‌اش خطاب به هیأت منصفه این‌گونه اظهار می‌دارد:

> من تکرار می‌کنم: *هدف و موضوعی که حزب مد نظر خود قرار داده بود، جلب نظر اکثریت مردم ایالات متحده از طریق تعلیم و تبلیغ بود.* [تأکید در اصل].

"من در صفحات طویل بازجویی از کانن، پاسخی به جز تبلیغات، تبلیغات وتبلیغات بیشتر نیافته‌ام.... چرا نباید در هنگام ادای این جملات صدای خود را بالا ببریم و کارگران را فرا بخوانیم تا خشونت خود را علیه خشونتِ ارتجاعی سازماندهی کنند؟"

- گراندیزو میونیز
یکی از انتقادها

"وظیفه‌ی اصلی ـ استفاده از فضای دادگاه به‌عنوان تریبونی برای صحبت با آن کارگران آمریکایی است که ممکن بود برای اولین‌بار صدای ما را بشنوند. این به‌نظر ما لازم می‌آورد که بجای صدور فراخوانی برای اقدام عملی، صبورانه توضیح دهیم."

- جیمز پی کانن
پاسخ به انتقاد

این گفته دقیقاً مشابه جمله‌ای است که در ماه ژوئیه و قبل از شروع محاکمه بیان شد. در پاسخ به انتقادی که در مکزیک به این مطلب شده بود، یکی از اعضای نسبتاً کلیدی حزب کارگران سوسیالیست پاسخ داد که نباید نگران شوید، زیرا هیچ‌کس با این اظهارات موافق نیست. اگر هیچ‌کس موافق نبود، پس روشن است که باید متن دیگری تدوین می‌شد. مگر اینکه در مواجه با توده‌های مردم یک سیاست داشته باشیم و در مقابل قاضی سرمایه‌داری سیاست دیگری پیشه کنیم. غلط بودن این اظهاریه آن‌قدر بدیهی است که نیازی به گفتن ندارد. همه این را می‌دانند، قبل از هر کس خود گوینده این را می‌داند، که هدف ما به‌هیچ‌وجه نمی‌تواند صرفاً تبلیغ باشد و اکثریت مردم را هم نمی‌توان با چنین روشی به‌سوی خود جذب کرد. ما بدین خاطر یک حزب تبلیغاتی هستیم که تعداد اندک اعضایمان ما را به حداقل فعالیت عملی ملزم می‌کند. اما، ما اساساً و بالقوه یک حزب انقلابی عمل ـ اقتصادی، سیاسی و تعلیماتی ـ هستیم. زیرا، تبلیغات ما خود به سمت عمل گرایش دارد و تنها از طریق عمل است که می‌توانیم اکثریت را به سمت خود جذب کنیم و آنان را برای کسب قدرت تعلیم دهیم.

من بر این مسایل پیش پا افتاده تأکید می‌ورزم، زیرا، لحن ملایم و شیرینِ نخستین اظهاریه گولدمن، که به‌منظور ترغیب هیأت منصفه به آشتی ادا شده است، سازش آغازینی است برای تحمیل اظهارات وخیم‌تر بعدی. بعداً به این موضوع خواهیم پرداخت.

۱. مبارزه علیه جنگ امپریالیستی

بگذارید مسایل کلان را بررسی کنیم و ببینیم در این محاکمه چگونه با آن‌ها برخورد شده است.

گولدمن اظهارات خود را چنین آغاز می‌کند:

> ما نشان خواهیم داد که حزب کارگران سوسیالیست مخالف خرابکاری است. ما نشان خواهیم داد که ادعای آقای اندرسن مطلقاً غلط و برمبنای این ادعای بی‌پایه استوار است که ما ترجیح می‌دهیم دشمن، دشمن امپریالیست ایالات متحده، این دولت را شکست دهد. این مطلب کذب محض است. آنچه ما خواهانش هستیم، و شواهد گواهی بر ادعای ما خواهد بود، آن است که کارگران و کشاورزان حکومت خود را مستقر سازند و سپس جنگی واقعی را علیه فاشیسم ادامه دهند.

کانن حتی پا را از این هم فراتر می‌گذارد و در پاسخ به یکی از سؤالات گولدمن چنین می‌گوید: "تصمیمی مبتنی بر رفتن به جنگ گرفته شده است و اکثریت مردم آن را پذیرفته‌اند. رفقای ما باید از آن تبعیت کنند."

سپس گولدمن سؤال می‌کند: "شما از جنگ حمایت نمی‌کنید؟"

کانن پاسخ می‌دهد: "منظورم همین است. از نظر سیاسی از جنگ پشتیبانی نخواهیم کرد."

و او حتی مجدداً بدین مطلب اشاره می‌کند:

> ما هیتلر و هیتلریسم را بزرگ‌ترین دشمن بشریت می‌دانیم. ما می‌خواهیم که آن را از صفحه‌ی روزگار محو کنیم. علت اینکه از اعلام

جنگ ارتش آمریکا حمایت نمی‌کنیم این است که اعتقاد نداریم سرمایه‌داران آمریکایی بتوانند هیتلر و فاشیسم را شکست دهند. ما فکر می‌کنیم هیتلریسم تنها از طریق جنگی که تحت رهبری کارگران هدایت شود شکست خواهد خورد.

در وهله‌ی اول، صحیح نیست بگوییم که تصمیم شرکت در جنگ را "اکثریت مردم پذیرفته‌اند." از این اظهاریه می‌توان قویاً انتقاد کرد. اظهاریه‌ای که اگر یک فرد سانتریست[1] آن را عنوان می‌کرد، او را سخت سرزنش می‌کردیم. به‌جای آنکه دولت را به این متهم کند که مردم را برخلاف نظر اکثریت به قتلگاه می‌برد و به‌جای اینکه دولت را مؤکداً در مقابل توده‌ی مردم متهم کند و نشان دهد که چگونه اکثریت مجالس مقننه علیه نظرگاه اکثریت مردم عمل می‌کند، کانن از تصمیم روزولت آن‌گونه حمایت می‌کند که گویا واقعاً مبتنی بر رأی اکثریت مردم است.

آری، ما به جنگ تن در می‌دهیم و رزمندگان ما به جبهه می‌روند. اما، نه به دلیل اینکه اکثریت چنین تصمیم گرفته‌اند، بلکه بدین دلیل که جامعه‌ی بورژوایی آن را با اِعمال خشونت بر ما تحمیل کرده، همان‌گونه که استثمارِ نظام روزمزدی بر ما تحمیل شده است. همانند کارخانه، ما باید از تمامی فرصت‌های موجود برای مبارزه علیه جنگ و علیه نظامی که آن را می‌آفریند استفاده کنیم. همان‌گونه که در کارخانه ـ به‌عنوان مبارزات کلی‌مان علیه نظام سرمایه‌داری ـ علیه مدیران مبارزه می‌کنیم.

۱- سانتریسم: جریانی سیاسی است که مابین مارکسیسم و رفرمیسم نوسان می‌کند.م.

کانن می‌گوید که "از نظر سیاسی از جنگ پشتیبانی نخواهیم کرد." شاید منظورتان این است که به مفهوم دیگری حمایت می‌کنید؟ به مفهوم اجتماعی و یا اقتصادی؟ من نمی‌توانم مفاهیم دیگری را مشاهده کنم. آیا مقصودش از "حمایت" آن است که واقعیت حاصل را بپذیریم و به جنگ برویم؟ یعنی اینکه بدین موضوع تن در دهیم، همان‌گونه که بعد از شکست یک اعتصاب به شرایط تحمیل شده از جانب کارفرما تن در می‌دهیم تا خود را برای اعتصاب دیگری آماده سازیم. پس چرا این‌گونه به شکل خطرناکی دو پهلو حرف می‌زند؟ من هیچ دلیلی نمی‌بینم، مگر دلیل تن در دادن به یک خطای بزرگ، یعنی صحبت کردن برای جلب نظر هیأت منصفه‌ی خرده‌بورژوا برای مقاصد بلافصل امروزی و در نظر نداشتن مبارزات آتی. آیا بهتر نبود که این‌گونه اظهار می‌داشتند: "بورژوازی آمریکا، ما به جنگ تن در می‌دهیم زیرا خشونت حاکم بر جامعه‌ی شما آن را بر ما تحمیل می‌کند. خشونت مادی تسلیحات شما آن را بر ما تحمیل می‌کند. اما، مردم علیه شما خواهند شد. از امروز به بعد، حزب ما در کنار مردم به مبارزه‌ای آشتی‌ناپذیر علیه رژیم ستمگر، فلاکت‌بار و قصاب‌گونه‌ی شما دست خواهد زد. بنابراین، با هرآنچه در دسترسمان باشد، علیه جنگ شما خواهیم جنگید."

دو پهلوگویی و بی‌دقتی انتها ندارد. چنین به نظر می‌رسد که گویا ما مخالفین افلاطونی جنگ هستیم و فقط خود را به اعلامیه و تبلیغات شفاهی و کتبی محدود می‌کنیم، بدون اینکه هیچ‌گونه فعالیت عملی علیه آن انجام دهیم. اظهار این مطلب که "ما از اعلام جنگ ارتش آمریکا حمایت نمی‌کنیم، زیرا اعتقاد نداریم سرمایه‌داران آمریکایی بتوانند هیتلر و فاشیسم را شکست دهند" چنین استنباطی را از خود بر جای می‌گذارد که اگر می‌توانست شکست دهد، در این‌صورت ما از آن حمایت می‌کردیم؛ این مطلب کسانی را که پیروزی ایالات

متحده را باور دارند، به سمت حمایت از جنگ اغوا می‌کند. ما جنگ را بدین جهت نفی می‌کنیم که نظام اجتماعی موجود را که آغازگر جنگ است قبول نداریم، نه اینکه آیا این جنگ قادر به شکست فاشیسم هست یا نیست.

بلافاصله دوپهلوگویی دیگری ظاهر می‌شود: "ما فکر می‌کنیم می‌شود هیتلریسم را شکست داد و غیره." وحدت این جمله با جملات بازگوشده‌ی پیشین مبنی بر اینکه ما در میان سربازان به تهییج نخواهیم پرداخت و ما "مخالف سیاسی" جنگ هستیم و طرح لنگان لنگان مسأله‌ی تعلیم نظامی تحت کنترل اتحادیه‌های کارگری، می‌تواند انسان را بدین مطلب اغوا کند که وقتی کنترل جنگ به‌دست اتحادیه‌های کارگری افتاد، ما طرفدار جنگ خواهیم شد. من معتقدم لازم است این مطلب روشن شود، بدون اینکه جایی برای دو پهلوگویی باقی بماند و من موضع خود را اعلام می‌دارم، تا آنجا که به من مربوط می‌شود. حتی اگر کنترل خدمت نظام به‌دست اتحادیه‌های کارگری بیافتد، بازهم مخالف جنگ خواهم بود.

بلافاصله، کانن عهده‌دار می‌شود که برنامه‌ای ارایه دهد تا هیتلر به وسیله‌ی حکومت کارگران و کشاورزان شکست داده بود. حتی یک واو هم لازم نیست که من به گفته‌ی او اضافه کنم. بجز این مطلب که تمامی سؤال‌های مطرح شده با کانن به یک دروازه‌ی دو دهنه منجر می‌شود، یعنی مسیری که قرار است به تشکیل حکومت کارگران و کشاورزان منجر شود:

گولدمن: بسیار خوب، تا آن زمان که کارگران و کشاورزان ایالت متحده حکومت خود را مستقر کنند و روش‌های خود را برای شکست

هیتلر به کار گیرند، حزب کارگران سوسیالیست به تصمیم اکثریت گردن خواهد نهاد ـ آیا این‌طور نیست؟

کانن: این تنها کاری است که می‌توانیم انجام بدهیم. این تنها پیشنهاد ما است.

همه‌ی این‌ها معادل آن است که پس از ادای چند سخنرانی اندر فواید حکومت کارگران و کشاورزان، دست‌های انسان را ببندند و به امید آن بنشینند که چنین حکومتی به خودی خود، یا خدا میداند چه نوعی از تردستی، تشکیل شود.

این صرفاً به کناره‌گیری مربوط نمی‌شود. بلکه، اظهاریه‌ای انفعالی هنگام مواجهه با جنگ امپریالیستی است. چیزی که حداقل ضررش، آموزش غلط به کارگرانی است که به این محاکمه علاقمند شده‌اند و هیچ‌گونه اعتباری در آینده، زمانی که توده‌های مردم علیه جنگ به فعالیت می‌پردازند، برای ما نمی‌آفرینند.

تحت اجبار چنین اظهاراتی ـ که من آن را کاملا فرصت‌طلبانه می‌خوانم و در بیان آن به خود تعلل راه نمی‌دهم ـ کانن خود را متعهد می‌بیند خواستار اخراج مبارزانی از حزب شود که مخالفت در ارتش را سازماندهی می‌کنند. او به مرزی کشانده شده است که باورکردنی نیست: نفی لنین، تروتسکی و خود کانن.

آقای شواین‌هات بخشی از کتاب *انقلاب ۱۹۰۵* لنین را بدین مضمون برای کانن می‌خواند :

"ما وظیفه داریم در هنگام قیام بدون ذره‌ای ترحم کلیه‌ی رؤسای قوای لشکری و کشوری حکومت را بی‌رحمانه از صفحه‌ی روزگار محو کنیم." . . . آیا شما با این مطلب مخالفید؟

کانن: بله، من اطلاع ندارم که این مطلب به هیچ وجه به‌عنوان سیاست حزب اعلام شده باشد. . . . ما با نابود کردن هیچ‌کس موافق نیستیم، مگر اینکه مبارزه‌ی مسلحانه‌ای پدید آمده باشد، یعنی زمانی‌که قوانین جنگ حاکم است.

اما، آیا قیام چیزی بجز یک مبارزه‌ی مسلحانه است؟ لنین نیز"هر کسی" را نمی‌گوید، بلکه منظورش سران کشوری و لشکری هستند. پس چرا باید با چنین متنی مخالفت شود؟

شواین‌هات، با آوردن شاهدی از خود کانن، قرائت می‌کند :

"نکته‌ی دوم (در زمینه‌ی مبارزه در ارتش) این است که هشیار و مواظب باشید. هیچ نوع فعالیت پوتچیستی انجام ندهید. و هیچ‌گونه فعالیت زودرس که ما را انگشت‌نما و از توده‌ها جدایمان کند انجام ندهید. با مردم حرکت کنید. با توده‌ها باشید. . . . و چگونه می‌توانیم بدون رخنه‌کردن در ارتش، به همان‌گونه که هست، بدین تجهیزات نظامی دست یابیم؟" . . .

شواین‌هات: ولی، فکر نمی‌کنید که بدین طریق مانع از پیشبرد فعالیت‌های نظامی ارتش می‌شوید؟

کانن: اگر شما آن را دوباره بخوانید، متوجه می‌شوید که ما طرفدار پوتچ نیستیم. ما به اعضایمان می‌گوییم: 'حرکات مبتنی بر پوتچ انجام ندهید و سد راه ارتش نشوید.' ما به اعضایمان مستقیماً دستور می‌دهیم که سد راه کارهای نظامی نشوند، بلکه، تلاش‌های خود را در چارچوب ترویج و تبلیغ عقایدشان محدود کنند.

اقدامات انقلابی، نه تبلیغات راحت‌طلبانه

من با تمام وجودم از سخنان کانن حمایت می‌کنم؛ اما صراحتاً او را در مقابل هیأت منصفه محکوم می‌کنم، زیرا عمل انقلابی حزب را به حرف تقلیل داده و به حداقل رسانده و باعث انحطاط خود شده است. و من به همان شدت از مبارزان و سربازانی که در ارتش دست به اعتراض می‌زنند حمایت می‌کنم و از حزب نیز تقاضا دارم از آنان حمایت کند و باید به‌خاطر داشته باشیم سر وکارمان با کسانی نیست که دست به حرکات "پوتچیستی و ناپخته می‌زنند." در زمان جنگ، محال است بتوان فعالیت انقلابی کرد، مگر آنکه کم و بیش مانع فعالیت‌های نظامی شویم. بنابراین، شکست‌طلبی انقلابی موضعی است که حزب آمریکا و بین‌الملل اتخاذ کرده‌اند و نمی‌توانند از آن دست بکشند. برخلاف مفهومی که گولدمن در اولین نقل قول ارائه داد، ما خواهان تشدید مبارزه‌ی طبقاتی در پشت جبهه هستیم و این شامل است بر، در صورت امکان، به شکست کشاندن بورژوازی خودمان: "از زاویه انقلاب در کشور خودشان، شکست حکومت امپریالیستی خودشان بدون شک شرّ بهتر است." (تروتسکی، ژوئن ۱۹۴۰)

توصیه به عدم صدور مجوز برای تهییج و مخالفت سربازان در ارتش، بدتر از محدود کردن آنان به صحبت است. من معتقدم رفقایمان در تفهیم این مطلب به کارگران که چرا باید همیشه هم از صحبت به‌عنوان یک ابزار استفاده کنند و هم از فعالیت‌های دسته‌جمعی، فرصت خوبی را از دست داده‌اند. سؤال و جواب از کانن چشم‌انداز غلطی را در مقابل کارگران عرضه کرد. چشم‌انداز تبلیغات بدون زحمت: حال آنکه موضوع مبارزه‌ی سرسختانه به روش‌های مختلف مطرح است، از اعتراضات کوچک گرفته تا قیام دسته‌ها و از طرح دوستی مقطعی با سربازان دشمن گرفته تا محو کامل جبهه‌های جنگ. اما، اشتباه در چشم‌انداز باعث

پیدایش اشتباه در بیان واقعیت‌ها می‌شود؛ بنابراین، متهمان خود را در موقعیتی یافتند که مجبور بودند خرابکاری را در کل به‌نحوی محکوم کنند که گویا عمل جنایت‌باری است. من معتقدم خرابکاری روشی برای کاربرد تاکتیکی است که استفاده از آن در برخی اوقات نتایجی به‌بار می‌آورد که عکس نیات استفاده کنندگان است، اما در لحظات بحرانیِ مبارزه به هیچ وجه نمی‌توان از آن صرف‌نظر کرد.

یک مثال مطلب را روشن خواهد کرد. فرض کنید، در قسمتی از جبهه، شرایط برای طرح دوستی با سربازان دشمن فراهم آمده باشد. احساس دوستی هرگز همزمان در دو سوی یک جبهه‌ی فراگیر پدیدار نمی‌شود و به نسبت مساوی نیز نخواهد بود. بلافاصله فرماندهان دستور بسیج، حمله یا پشتیبانی از جبهه را به سربازانی اعلام خواهند کرد که کمتر در معرض به آغوش کشیدن "دشمن" قرار گرفته‌اند. آیا در چنین شرایطی وظیفه نخواهیم داشت که تا سرحد امکان مانع تجدید حیاتِ درگیری نظامی شویم تا وقت لازم برای طرح دوستی مهیا و راه چیرگی مجدد فرماندهان بر اوضاع مسدود شود؟ تخریب تنها وسیله‌ی قابل دسترس سربازان برای گسترش و تحقق طرح دوستی تا سقوط هر دو جبهه است. با این حال، این خطر وجود دارد که فرماندهیِ دشمن بر جبهه‌ی خود مسلط شود و از بی‌نظمی طرف مقابل بهره بگیرد و حمله‌ی موفقیت‌آمیزی را تحقق بخشد. چنانچه کسی بخواهد از وقوع چنین "خطری" پرهیز کند، به‌هیچ‌وجه موفق به ایجاد روابط دوستانه‌ی مؤثری نخواهد شد.

تخریب و شکست‌طلبی، در لحظات خاصِ واکنش توده‌ها به جنگ امپریالیستی، دست در دست هم خواهند داد. حزب نباید و نمی‌تواند منکر شکست‌طلبی شود، مگر اینکه نزول مخالفت خود با جنگ تا حد وراجی را بپذیرد.

آنچه بیشتر باعث تأسف من می‌شود این است که از این محاکمه استنباط می‌شود که موضوع چیزی نیست مگر گفتن حرف‌هایی برای جلب رضایت هیأت منصفه. لحظاتی پیش می‌آید که نشان می‌دهد متهمین واقعاً تخریب را نوعی جنایت به حساب می‌آورند. اگر من اشتباه نکرده باشم ــ و امیدوارم که اشتباه کرده باشم ـ این کار نوعی زمینه‌چینی اخلاقی خطرناک است. تخریب، واکنش توده‌ها علیه جنگ امپریالیستی است. چرا باید از آن شرمگین بود؟ چرا باید از اینکه توده‌های مردم، هر وقت که بتوانند، علیه جنایت هولناک جنگ دست به تخریب بزنند شرمگین باشیم؟ به‌سادگی می‌توانستند، به‌عنوان یک اصل، مدافع آن باشند و مسئولیت آن را به گردن رهبران جنگ کنونی بیاندازند. آیا می‌توانیم تخریب توده‌ها علیه جنگ‌های بعدی را محکوم کنیم، در حالی که جنگ خود تخریب عظیم بورژوازی علیه توده‌ها، تمدن و بشریت است؟ کارگرانی که به سخنان رفقای ما گوش فرا داده‌اند، بجای دریافت چنین عقایدی، ذهنشان با تعصب علیه تخریب آلوده شده است.

۲. خشونت و گذار به سوسیالیسم

گولدمن میگوید:

> همان‌گونه که خود آقای اندرسن اشاره کرد، شواهد بیش از این نشان خواهد داد که ما انتقال صلح‌آمیز به سوسیالیسم را ترجیح می‌دهیم؛ اما ما همه‌ی شرایط موجود در جامعه را تجزیه و تحلیل می‌کنیم، تاریخ را تجزیه و تحلیل می‌کنیم، و بر مبنای چنین تحلیلی پیش‌بینی می‌کنیم، ما پیش‌بینی می‌کنیم پس از آنکه اکثریت مردم ایالات متحده خواستار برقراری سوسیالیسم شدند، آن‌گاه اقلیت، سازمان داده

> شده توسط صاحبان اعتبارات مالی و سرمایه‌داران، برای جلوگیری از برقراری سوسیالیسم به خشونت متوسل خواهد شد. این چیزی است که ما پیش‌بینی می‌کنیم.

چرا ، علاوه بر این‌ها ، تقاضای بخشش نکنیم ـ به این جهت که خود را به شکل دردناکی مجبور می بینیم که باید علیه بورژوازی خشونت به کار بریم؟ حتی اگر خود را به اندازه‌ی یک پیشگو هم بی‌طرف نشان دهیم، باز هم این پیش‌بینی کاملا غلط خواهد بود. برای کشف خشونت اقلیت مرتجع علیه کل جامعه، لازم نیست به آینده ارجاع دهیم. برای وارد کردن این اتهام باید از نظر عقیدتی به کلیت جامعه‌ی سرمایه‌داری حمله کنیم و به کارگران آمریکایی نشان دهیم که این به اصطلاح دموکراسی آمریکایی چیزی نیست مگر دیکتاتوری بورژوازی. قطعاً در میان کارگرانی که حرف‌های کانن و گولدمن را خوانده یا به آن گوش داده‌اند، باید تعداد زیادی از آنان کسانی باشند که خشونت روزمره‌ی جامعه‌ی بورژوازی را به هنگام اعتصاب و تظاهرات و گردهمایی مشخصاً تجربه کرده‌اند؛ همه‌ی آنان، بدون استثناء، قطعاً این خشونت رواج یافته را تجربه کرده‌اند که یا باید به دستمزد تعیین شده در بازار کار تن در دهند و یا فنا شوند؛ تحمیل جنگ، خشونت تأسف‌بارتری است؛ خشونت در نظام آموزشی؛ خشونت اطلاعاتی که بنگاه‌های مطبوعاتی تحمیل می‌کنند. به‌دور از هر گونه اشاره به محیطی که کارگران در آن زندگی می‌کنند و به‌دور از هرگونه تلاش برای آماده‌سازی روحیه‌ی آنان برای طغیان علیه محیط‌شان، جریان محاکمه باعث شده است که کارگرانِ ناظر بر آن منفعل شوند و شرایط حال را بپذیرند. آیا بورژوازی فقط در آینده به خشونت متوسل خواهد شد؟!

علاوه بر این‌ها، گفتن این مطلب که بـورژوازی "پـس از آنکـه اکثریـت مـردم ایالات متحده خواستار استقرار سوسیالیسم شدند" بـه خشـونت متوسـل خواهـد شد، کاملا فاقد دقت است و باعث به خواب رفتن کارگران مـی‌شـود. هـم اکنـون بورژوازی خشونت به‌کار می‌بـرد، همیشـه بـدان متوسـل مـی‌شـود، و هـیچ روش دیگری برای حکومت نمی‌شناسد، مگر توسل به خشـونت. کـارگران و کشـاورزان باید به خشونت روزمره‌ی بورژوازی با خشونت سازمان‌یافته‌ی اکثریـت تـوده‌هـای محروم پاسخ دهند. ما پیش‌بینی نمی‌کنیم، بلکه اطمینـان مـی‌دهـیم و خشـونت موقت اکثریت را علیه خشونت سـازمان‌یافتـه و ارتجـاعی اقلیـت توصـیه و تقاضـا می‌کنیم. لازم است که تعصبات دموکراتیک پرولتاریای آمریکا فـرو ریختـه شـود؛ حال آنکه چنان اظهاراتی آنان را همانند تکان گهواره به خواب فرو می‌برد.

کارگر کم‌تجربه ممکن است با خود بگوید: "بعد از همه‌ی این حرف‌ها، با چـه یقینی می‌توان گفت که بورژوازی خشونت به‌کار خواهد برد. این مردانی که خیلی هم مطلع هستند، چنین امری را فقط پـیش‌بینـی مـی‌کننـد؛ بنـابراین، در زمـان حاضر لازم نیست که ما خود را برای مقابله با خشونت مرتجعین متشکل سازیم." این نوع گرایش به انفعال، با خواندن مطالـب بعـدی، تشـدید خواهـد شـد : "مـا امیدواریم ثابت کنیم که متهمان هرگز 'کاربرد' خشونت را نه حمایت و نه تشویق کرده‌اند. بلکه، فقط اعمال خشونت از جانب اقلیت مرتجع را پیش‌بینی کرده‌انـد." واضح است که وقتی مرتجعان قرار نیست چنین کاری کنند، پـس تـدارک بـرای مقابله با آن نیز ضرورتی ندارد.

مجدداً تأکید می‌کنم، همان‌گونه که درخصوص جنگ آشکار شـد، ایـن خلـط مبحث، در ابتدای امر، هرگونه امکان دامن زدن به فعالیت را منتفی مـی‌کنـد. بـر چشم‌اندازی که رفقای ما برای سالیان آتی ترسیم کرده‌اند، خط بطلان می‌کشد.

برای دست یافتن به حمایت اکثریت طبقـه‌ی کـارگر و کشـاورزان فقیـر، چـه ابزاری برایمان مهیا خواهد بود؟ (صرفاً کافی نیست آن‌گونه کـه در دادگـاه مکـرراً عنوان می‌کنند بگوییم مردم. خرده‌بورژوازی را می‌شود بدون آنکه جلب شوند، بـه حالت خنثی درآورد.)

من در صفحات طویل بازجویی از کـانن، پاسـخی بـه جـز تبلیغـات، تبلیغـات وتبلیغات بیشتر نیافته‌ام. برخورد آن‌گونه است کـه گـویی صـحبت از یـک داروی انحصاری برای درمان کچلی در میان است. چند جمله‌ی کوتاهی هم که کـانن در جهت صحیحی ادا می‌کند، متأسفانه فاقد صراحت و حرارت لازم است: "البتـه مـا صرفاً به پیش‌بینی حوادث بسنده نمی‌کنیم. بلکه، یک قدم جلوتر مـی‌رویـم و بـه کارگران توصیه می‌کنیم که این موضوع را مدنظر قرار دهند و خود را برای مقابله با آن آماده کنند و به اقلیت مرتجع و جان به سر اجازه ندهند که اراده‌ی اکثریـت را عقیم سازد."

سعی کرد هیأت منصفه را 'آرام' کند

اما، چرا نباید در هنگام ادای این جملات صدای خود را بالا ببریم و کارگران را فرا بخوانیم تا خشونت خود را علیه خشونتِ ارتجاعی سازماندهی کنند؟ بلافاصله بعد از ادای این جملات، کانن چشم‌انداز مبارزه علیه بانـدهای فاشیسـت را بـه شـکل کاملی ترسیم می‌کند؛ اما، در این هنگام انسـان درمـی‌یابـد کـه او فاقـد هرگونـه چشم‌اندازی برای زمان بلافصل است. تو گویی، امروزه دیگـر ضـرورتی نـدارد کـه نیروهای ضربت کارگری را متشکل کنیم. مطلب بـه صـراحت عنـوان نمـی‌شـود، قدری حالت دو پهلو به خود می‌گیرد و تأکید نهایی بر غیرضروری بـودن هرگونـه سـازمان دفـاع کـارگری (بـرای امـروز) بـه ایـن دوپهلوگـویی شـدت مـی‌دهـد.

درهرصورت، خط‌مشی دنبال شده توسط رفقایمان - بهره نگرفتن از محاکمه برای تفهیم ضروری بودن کاربرد خشونت توسط مردم و نشان ندادن اینکه چرا باید خشونت خود را به‌کار گیرند - غلط است. بجای آن، با مکالمه‌ی تأسف‌بار میان کانن و گولدمن مواجهیم که به دنبال آرام کردن ذهن هیأت منصفه بودند؛ هیأت منصفه‌ای که به سادگی راجع به آغازگر خشونت دچار وحشت می شود.

درهرصورت، فرض بر این گذاشته می‌شود که ما اکثریت مردم را به سوی سوسیالیسم جلب خواهیم کرد. بعد:

> گولدمن: مقصود از عبارت "سرنگونی دولت سرمایه‌داری" چیست؟
>
> کانن: یعنی جایگزینی آن با حکومت کارگران و کشاورزان، منظور ما این است.
>
> گولدمن: منظور از جمله‌ی " انهدام دستگاه دولت سرمایه‌داری" چیست؟
>
> کانن: منظورمان این است که *وقتی* (تأکید از من [میونیز] است) حکومت کارگران و کشاورزان را در این کشور مستقر کردیم، عملکرد این حکومت، وظایف‌اش و به طور کلی ماهیت‌اش آن‌چنان تفاوت بنیادینی با عملکرد، وظایف و ماهیت دولت سرمایه‌داری خواهد داشت که ما مجبور می‌شویم، در تمام عرصه‌ها جایگزین‌اش کنیم.

تمامی جریانات انقلابی و خشونت‌آمیز، از جمله جنگ *داخلی* که قبل از استقرار حکومت کارگران و کشاورزان و برقراری دولت کارگری در خواهد گرفت، با تردستی کنار گذاشته شده است؛ من نمی‌توانم واژه‌ای پیدا کنم که بیش از این با حسن‌تعبیر منظورم را گفته باشم. بنابراین، اندکی پس از آن، کانن مجبور

می‌شود حرف‌های خودرا بسیار محدود کند. او شورا را به‌گونه‌ای تعریف میکند که شبیه تعاریف مندرج در دائرةالمعارف‌های ملخص است و درباره‌ی همه‌ی ویژگی‌های شورا به‌عنوان بخش لاینفکی از مبارزه و در مقابله با ساختار درهم‌تنیده‌ی قدرت سرمایه‌داری، سکوت اختیار می‌کند.

حکومت کارگران و کشاورزان چه چیزی می‌تواند باشد، مگر نقطه‌ی اختتام مبارزه‌ی کارگران و کشاورزان علیه بورژوازی؟ از هم اکنون باید شروع چنین مبارزه‌ای را پیگیری کنیم. این مبارزه، همزمان با آغاز گشایش بحران انقلابی، به تدریج قوّت خواهد گرفت، تا جایی‌که توده‌های مردم شوراهای خود را تشکیل خواهند داد تا مبارزات کلی طبقه کارگر علیه بورژوازی را هدایت کنند و برای چنین مبارزاتی تدارک لازم را می‌بینند، از جمله به‌دست آوردن سلاح، و در چارچوب آن آزادی مبارزات ایدئولوژیک را فراهم می‌آورند، تا بدین ترتیب توده‌های مردم بتوانند کسانی را برگزینند که به بهترین نحوی بتوانند از منافع آنان حمایت کنند. فقط در آن هنگام، زمانی که روند انقلاب در شوراها ـ نه در انتخابات مجلس ـ اکثریت یافته باشد، تسخیر خشونت‌آمیز قدرت باعث ویران شدن حکومت بورژوایی می‌شود و شوراها به‌عنوان پایگاه دولت کارگری باقی می‌مانند.

کانن اظهار داشت که دستگاه حکومت بورژوایی "زمانی ویران خواهد شد که حکومت کارگران و کشاورزان مستقر شده باشد." اما، امکان استقرار حکومت کارگران و کشاورزان تنها *پس از آنکه* ما حکومت بورژوایی را ویران کرده باشیم فراهم خواهد شد. کانن این را کاملا می‌داند و بدون شک پیشنهاد خواهد کرد که چنین عمل کنیم. اما، درهرصورت، من اصرار دارم که چرا باید فرصت بسیار عالی و بی‌نظیرِ به‌دست آمده را برای آموختن درسی به کارگران از دست بدهیم و،

بدون هرگونه استتار، مسیر مبارزه و کسب قدرت را بـه آنـان نشـان نـدهیم و در عین حال بورژوازی را به داشتن خط‌مشی ارتجاعی و متمایل بـه فاشیسـم مـتهم نسازیم؟ پیش‌بینی این مطلب که چگونه دیالکتیک یا تحـولات درونـی اجتمـاعی باعث تحکیم مواضع ما خواهد شد، هیچ‌گونه ارزش واقعی برای کارگران نـدارد. در اینجا روند تحقق انقلاب شبیه به آن کتاب‌های درسی تصویر شده است که تحقق انقلاب را در یک دوره‌ی پانصد ساله پیش‌بینی کرده باشد.

کارگران امروز به شناخت علایم حرکت انقـلاب، اَشـکال سـازمانی، روش‌هـای مبارزه تا مرحله‌ی جنگ داخلی و طرح شعارهای ضروری نیاز دارند. این مبحث از جمله شامل است بر ضـرورت داشـتن صـدای غرورآمیـز علیـه دشـمن طبقـاتی؛ مطلبی که در طول محاکمه به‌ندرت وجود داشته است. لحن کلی این نبـوده کـه طرف مقابل را متهم سازند، بلکه عذرخواهی بوده است، تا جایی که برخـی اوقـات انسان را شرمگین می‌کند. هیچ‌گونه پیشنهاد عملی و طرق مبارزه‌ی بلافصل علیه بورژوازی و علیه جنگ ارائه نمی‌شود. بلکه، عقاید ما تا حد بشردوستی تنـزل داده مـی‌شـود و ارزش *فعالانـه‌ی* آن از چشـم مخفـی نگـه داشـته مـی‌شـود و صـرفاً پیش‌بینی‌های علمی مطرح می‌شود، گویی که جایز نیست علیه دموکراسیِ فاسـدِ بورژوایی از خشونت استفاده شود.

یکی از مطالبی که حق مطلب را کاملا ادا می‌کند این است که رفقای مـا چـه کسانی را در دفاعیات خود شاهد آورده‌اند: جفرسون، لینکلن، کتاب انجیـل، لویـد جورج، مک‌دونالد؛ اما، زمانی که نام مارکس، لنین، تروتسکی و حتی کانن مطـرح می‌شود، این‌ها به‌عنوان سخنگویان غیررسمی سازمان ما کنار گذاشته مـی‌شـوند. این طرز برخورد، که خیلی شجاعانه نیست، نمی‌تواند چندان همدردی دیگـران را

برانگیزد و یا حداقل نمی‌تواند به اندازه‌ی نوع برخورد متقابل‌اش همدردی دیگران را جلب کند.

من کاملا واقفم که چیزی به کسی نمی‌آموزم. آنچه من گفته‌ام، رفقایی که بدان‌ها اشاره شده است خود بهتر می‌دانند. آنان در ارتباط با اصولی که مطرح کرده‌ام با من موافقت خواهند کرد، مگر در مورد آموزش نظامی تحت نظارت اتحادیه‌های کارگری و موضوع تخریب ـ سؤالاتی که روشن کردنشان در حزب و بین‌الملل اضطراری است. هیچ دلیل دیگری را نمی‌توانم برای نحوه‌ی برخوردشان در محاکمه بیابم، مگر به‌عنوان "مانوری سودمند." اما دقیق در همین مورد است که من معتقدم جایگزین ساختن اصول با مانور، در لحظاتی که این‌چنین برای آینده‌ی سیاسی حزب حیاتی است، اشتباهی بزرگ است. من معتقدم و پیشنهاد می‌کنم که به‌عنوان یک اصل کلی، در محاکمات مشابه، مسئولین مبارز ما مسئولیت عملی شدن تمامی عقایدمان را برعهده بگیرند. ارزش چنین چیزی به مراتب بیش از ادای جمله‌ای سبک به قیمت جلای زیبا و گول زننده است. من پیشنهاد می‌کنم که این نقد در جزوات داخلی بین‌الملل و حزب کارگران سوسیالیست چاپ شود.

۱۷ ژانویه ۱۹۴۲

یادداشت: این نقد با عجله زیادی نوشته شده است، تا فرصت تحویل سریع آن از دست نرود. من فقط به جملاتی پرداخته‌ام که در وهله‌ی نخست به چشمم خورده است. بنابراین، این حق را برای خود محفوظ می‌دارم که در آینده ابعاد آن را گسترش دهم.

پاسخِ جیمز پی کانن

۱. استراتژی کمونیستی در محاکمه

در محاکمه به جرم "شورش" در دادگاه فدرال مینیاپولیس و قبل از آن در ماه‌های طولانی مبارزه در اتحادیه‌های کارگری، تروتسکیست‌های آمریکا در بوته‌ی آزمایش قرار گرفتند و نشان دادند که خمیره‌شان از چیست. در هر دو مورد آنان به‌گونه‌ای عمل کردند که شایسته‌ی اصحاب تروتسکی است و همه‌ی آزمایشات را با موفقیت گذراندند.

در مبارزه علیه بوروکراسی حاکم بر اتحادیه‌های کارگری، که توجه تمامی کشور را برانگیخت، به وضوح روشن شد که رهبران واقعی کارگران مبارز و مردان واقعی پایبند به اصول، واقعاً چه کسانی هستند. در محاکمه‌ای که در دادگاه بورژوازی انجام گرفت و از طریق عملکرد اعضایی که در این جریان درگیر بودند، حزب توانست اعتماد کارگران انقلابی را به‌سوی خود جلب کند. این دو مبارزه، که در حقیقت دو روی یک مبارزه بودند، نقطه‌ی اوجی برای جنبش در آمریکا بود که از بدو تولدش در سیزده سال پیش، در دایره‌ی بسیار کوچکی محدود شده بود.

حزب در این مدت، به استثنای شعباتش در برخی شهرها، تنها توجه پیشقراولان کارگران آگاه را به‌سوی خود جلب کرده بود. در این محاکمه ما فرصت آن را یافتیم تا برای نخستین بار با توده‌های مردم ـ با مردم ایالات متحده ـ صحبت کنیم. ما از این فرصت بهره جستیم و بیشترین استفاده را از آن بردیم

و بدون هیچ‌گونه قصوری اصول پایه را، که یک دوران طولانی برایش آموزش دیده بودیم، به‌کار گرفتیم. از آن زمان به بعد، جنبش ما در ایالات متحده به سطح بالاتری ارتقاء یافته است.

مطالعه‌ی تحلیلی و تبادل نظر درباره‌ی محاکمه قطعاً برای بین‌الملل چهارم ارزش وافری خواهد داشت، به‌خصوص برای احزابی که در مسیر حرکت خود به نقطه‌ی تحول از مرحله‌ی تبلیغات به مرحله‌ی کار توده‌ای رسیده‌اند. ما به نوبه‌ی خود به چنین بحثی خیرمقدم می‌گوییم و تمام تلاش خود را به‌کارخواهیم گرفت تا آن را سودمند سازیم.

از اولین لحظه‌ای که دادگاه فدرال در مینیاپولیس در ژوئیه‌ی گذشته اتهاماتی را به ما وارد کرد، تشخیص دادیم که حمله علیه ما دو جنبه دارد و فکر می‌کنیم توانستیم ارزیابی صحیحی از اهمیت واقعی آن به‌دست آوریم. محاکمه به‌نحوی تدارک دیده شده بود که حزب ما غیرقانونی شود و از وجود چندین تن از رهبران باتجربه و فعالش احتمالا برای یک مدت طولانی بی‌بهره بماند. در عین حال از نظر ما واضح بود که اگر بتوانیم وظیفه‌ی خود را به‌خوبی ادا کنیم، این محاکمه می‌تواند برای نخستین بار فرصتی در اختیار حزب قرار دهد تا اصول خود را به اطلاع دوایر وسیعی از کارگران برساند و گوش شنوایی توأم با همدردی در میان آنان پیدا کند.

استراتژی دفاعی در محاکمه

ما از ابتدا برای تعیین استراتژی خود هر دو جنبه را مد نظر قرار دادیم. ما طبیعتاً تصمیم گرفتیم تا از حمایت‌های قانونی چه از نظر قوانین و چه از نظر منابع، تا آنجا که قانون اساسی اجازه می‌دهد، به سود خود بهره بگیریم. چنانچه رهبری

یک حزب در انجام چنین کاری تعلل کند و یا از آن چشم بپوشد، نابخردانه قانونیت حزب را به خطر خواهد انداخت و قطعاً نسبت به کادرهای حزب رفتار ضایعه‌باری از خود نشان خواهد داد. این نوع از رهبری فقط به درد آن می‌خورد که با سنگ و چوب از حزب بیرون انداخته شود.

از طرف دیگر، ما برنامه‌ریزی کردیم تا در دادگاه به‌گونه‌ای عمل کنیم که دفاعیاتمان به صورت یک دفاع "جنایی" ادا نشود، بلکه به یک تهاجم تبلیغاتی تبدیل شود. هدف ما این بود که اولاً نسبت به هیأت منصفه به شکل احمقانه‌ای بی‌توجهی نکنیم و باعث تحریک‌شان نشویم. ثانیاً، هدف ما این بود که تا آنجا که ممکن است دادگاه را به تریبونی برای اطلاع عموم از اصول جنبش‌مان تبدیل کنیم. ما وظیفه‌ی اصلی خود را در راستای تحقق قسمت دوم قرار دادیم و هرگز برای یک لحظه هم اجازه ندادیم که جوانب صرفاً قانونی قضیه به اولویت اصلی تبدیل شود. بنابراین، ما سرسختانه توصیه‌های مکرر وکلای خود را ـ چند وکیلی که طی محاکمه به گولدمن کمک کردند و یا در طول محاکمه با آنان مشورت کردیم ـ نادیده گرفتیم و حاضر نشدیم برنامه‌ی "تبلیغاتی" خود را کم‌سو و تعیین مشی سیاست دفاعی را به وکلا واگذار کنیم.

بر مبنای تجربیات بسیار تلخ محاکمات مبارزان در دادگاه‌های ایالات متحده در گذشته، ما می‌دانستیم که معنای چنین توصیه‌ای چیست: یا پایبندی به اصول انقلابی را فراموش کردن و یا درباره‌ی آن‌ها سکوت اختیار کردن؛ اجازه‌ی این را به وکلا دادن که عقاید متهمان را رد کنند و متهمان را آلت مضحکه قرار دهند و به نحوی معرفی‌شان کنند که گویی آن‌ها عده‌ای ابله و عضو حزبی هستند که نباید جدیشان گرفت؛ و تکیه زدن بر سخنرانی‌های طولانی وکلا برای هیأت منصفه تا شاید بتوان به‌گونه‌ای متهمان را نجات داد.

"دراین محاکمه ما فرصت آن را یافتیم تا برای نخستین بار با توده‌های مردم ـ با مردم ایالات متحده ـ صحبت کنیم. ما از این فرصت بهره جستیم و بیشترین استفاده را از آن بردیم."

جیمز پی کانن

FREE THE 18!

THE MILITANT

PUBLISHED IN THE INTERESTS OF THE WORKING PEOPLE

PRICE: FIVE CENTS

GPU Terrorist Drive Launched On Trotskyists

International Slander and Lynch-Incitation Campaign Is Aimed at All Militant Workers

Union Leaders Call For Freedom Of The 18 At N. Y. Mass Meeting

ILGWU Boston Convention Unanimously Demands Pardon

CIO Speakers Denounce Stalinist Attempts to Sabotage Fight for Framed Trotskyists

BULLETIN

Badoglio Cabinet Collapses Under Italian Mass Pressure

War Profits

Canada Stalinists For Money Control By Bank Oligarchs

سمت چپ: نیویورک، ژوئن ۱۹۴۴. همایش ۸۰۰ نفره خواستار "آزادی ۱۸ تن" می‌شود. **بالا:** با بکارگیری نشریه‌ی میلیتانت و جزواتی که هزینه انتشارشان پایین بود، حزب کارگران سوسیالیست، "کمیته دفاع از حقوق مدنی" و سایر سازمان‌ها و افراد، برای کسب آزادی سوسیالیست‌ها و لغو قانون تفتیش عقاید "اسمیت" کمپین کردند؛ قانونی که ۱۸ تن بر مبنایش محکوم شده بودند. آن کمپین مؤفق شد که حمایت حدود ۱۵۰ اتحادیه کارگری که نماینده‌ی بیش از پنج میلیون کارگر بودند، همچنین حمایت صدها تن از افراد مشهور در جنبه‌های مختلف حیات کارگری، سیاسی، حقوق مدنی، هنری و فرهنگی را جلب کند.

در گردهمایی کنگره‌وار حزب، که در ماه اکتبر برگزار شد، پیشنهاد شورای مرکزی در خصوص سیاست ما در دادگاه به اتفاق آراء تصویب شد. این سیاست را قطعنامه‌ی گردهمایی بدین‌گونه تعیین کرد:

> سیاست حزب در خصوص دفاع از خود در دادگاه، که کلیه‌ی اعضای متهم شده مکلف به پیروی از آن هستند، فقط می‌تواند به‌گونه‌ای باشد که شایسته‌ی جنبش ما و شایسته‌ی سنت ماست؛ هیچ‌گونه اقدامی نباید صورت گیرد که منجر به رقیق کردن یا تکذیب اصول اعتقادی ما شود، بلکه برعکس، باید سرسختانه از این اصول دفاع شود. در عین حال، موضع ما این خواهد بود که ما حق داریم برمبنای اصول مندرج در منشور حقوق شهروندان[1] اصول اعتقادی خود را تبلیغ کنیم.

ما با این سیاست پا به دادگاه گذاشتیم. راهنمای ما در کلیه‌ی مراحل محاکمه، همین سیاست بود. به اعتقاد ما با اطمینان می‌توان گفت که نتایج حاصل گواهی بر صحت کامل این سیاست بوده است. اصول اعتقادی ما در سطح وسیعی پخش شد و صدها و هزاران بار بیش از پیش محبوبیت یافت و نحوه‌ی رفتار ما در دادگاه با تأیید و همدردی کارگران مبارزی مواجه شده است که جلسات دادگاه را دنبال می‌کردند و متن دفاعیات را می‌خواندند.

محاکمه، بیش از هر چیز، بیانی از موفقیت تبلیغاتی ما بود. علاوه بر آن، حتی کارگرانی که با برنامه‌ی ما مخالفند نیز نحوه‌ی رفتار ما در دادگاه را شایسته‌ی کسانی یافتند که عقاید خود را جدی می‌گیرند و بر این رفتار مهر تأیید زدند و از

1- Bill of Rights

آن تقدیر کردند. همه‌ی رفقایمان عکس‌العمل کارگران نسبت به محاکمه را این‌گونه شهادت داده‌اند. اخیراً، در مسافرتی سراسری به کلیه‌ی شعبات حزب، در همه جا چنین گزارش یکدستی دریافت کردیم.

طبیعتاً، آنچه ما در دادگاه انجام دادیم بدون نقص نبود؛ ما تنها می‌توانستیم در چارچوب فضای محدودی که دادگاه ایجاد کرده بود، آنچه در توان داشتیم انجام دهیم. آنان که توانمندترند می‌توانند به‌سادگی در اینجا و آنجا به نکاتی اشاره و عملکرد هوشمندانه‌تری را پیشنهاد کنند. ما بدون وقفه حقانیت چنین انتقادی را خواهیم پذیرفت، ضمن آنکه خودمان را گناهکار نخواهیم شمرد، زیرا از نظر سوسیالیسم قرار نیست افراد از استعداد مساوی برخوردار باشند، بلکه هر کسی باید به اندازه‌ی توانش ادای سهم کند. اما، وقتی رفیق میونیز ـ و سایر منتقدین سیاست ما ـ ما را به درک ناصحیح از وظایف‌مان و جدایی از اصول مارکسیسم در محاکمه متهم می‌کنند، موضوع کاملا فرق می‌کند. ما وظیفه داریم قاطعانه به آنان بگوییم: خیر، کج‌فهمی کاملا از آن شماست. ما درک صحیحی از وظایف‌مان در دادگاه داشتیم و صاحب‌نظران مارکسیست، به‌نفع ما رأی می‌دهند.

برای دفاع از این نظریه، نقطه‌ی شروع ما باید تحلیل نکته‌ای باشد که میونیز و دیگران بدان بی‌توجه بوده‌اند: اوضاع اجتماعی در زمان محاکمه. منتقدین ما در هیچ کجا، حتی در حد یک کلمه، اشاره ندارند به شرایط عینی حاکم بر ایالات متحده؛ ساختار سیاسی‌یی که هنوز بر اینجا حاکم است؛ درجه‌ی پختگی سیاسی ـ بهتر است بگوییم درجه‌ی خامیِ ـ طبقه کارگر آمریکا؛ روابط حاکم میان نیروهای طبقاتی، اندازه و موقعیت حزب ـ کوتاه سخن، شرایط ویژه‌ای که بر اوضاع ما حاکم بود؛ شرایطی که روش ما را در ایجاد ارتباط با کارگرانِ مستمع

تعیین می‌کرد؛ کارگرانی که برای اولین بار صدای ما را از پشت میز محاکمه می‌شنیدند.

منتقدین ما درباره‌ی محاکمات و اصول دچار کلی‌گویی شده‌اند. اصولی که گویی قرار است همیشه به یک شکل و با یک لحن کلاً برای کارگران فرمول‌بندی و تشریح شوند. ما، برعکس، با محاکمه‌ی خاصی مواجه بودیم و تلاش کردیم نظرمان را برای کارگرانی تشریح کنیم که در سال ۱۹۴۱ در ایالات متحده به‌سر می‌برند. بنابراین، ما و منتقدین‌مان در همان نقطه‌ی شروع رو در روی هم قرار می‌گیریم: در نحوه‌ی تحلیل و روش آن. جواب ما به انتقاد آنان نیز به ناچار حالتی جدلی به خود می‌گیرد.

ما ابتدا باید شرایط عینی محیطی را تشریح کنیم که حزب ما در ایالات متحده و در زمان محاکمه در آن فعالیت می‌کرد و بنابراین وظایف خاص و تکنیک تبلیغاتی ویژه‌ای، به‌نظر ما، بر ما تحمیل می‌شد. سپس باید به ارائه‌ی مواضع خود و همین‌طور مواضع منتقدین‌مان بپردازیم. بعد باید به ضوابطی بپردازیم که برای همه‌ی ما معیار و ملاک هستند: اظهارات استادان مارکسیست درباره‌ی نکات اصولی مورد بحث ما.[1]

۲. زمینه‌ی سیاسی محاکمه

ایالات متحده، محل وقوع محاکمه، بدون شک ثروتمندترین کشور سرمایه‌داری و بدین‌جهت یکی از معدود کشورهایی بوده است که هنوز می‌تواند از امتیازِ تجملاتیِ ساختارهای بورژوا دموکراتیک در عصر نزول سرمایه‌داری

۱- کلیه نقل قول‌ها از متون انگلیسی منابع است.

برخوردار باشد. اتحادیه‌های کارگری، که در کشورهای اروپایی در طول ده سال گذشته یکی پس از دیگری ویران شده، در ایالات متحده شکوفا شده‌اند و تعداد اعضایشان به بیش از دوبرابر افزایش یافته است ـ قسمتی از آن هم به تشویق حکومت صورت گرفته است. آزادی بیان و آزادی مطبوعات، که در سایر کشورها محو و یا به ابتذال کشیده شده، اینجا اساساً با محدودیتی روبرو نبوده است. انتخابات تحت ساختارهای عادی بورژوا دموکراتیک انجام می‌گیرد و قدمت آن به بیش از یکصد سال می‌رسد و توده‌های کارگران آزادانه در رأی‌گیری شرکت می‌کنند. ثروت و موقعیت ممتاز بورژوازی در آمریکا به این نظام امکان داده است که، به‌رغم وجود بحران‌های فاجعه‌آمیز، بتواند زندگی کارگران را در سطحی به‌مراتب بالاتر از هر کشور دیگری نگاه دارد.

این شرایط عینی هم بر نحوه‌ی تفکر کارگران تأثیر موفق و مشهودی باقی گذاشته است و هم بر امکانات جنبش سیاسی انقلابی. آثار انقلابیِ درهم ریختگی اقتصادی؛ اقتصادی که در حال حاضر به دلیل شکوفایی تسلیحاتی سر پا نگهداشته شده، تاکنون به میزان ناچیزی بر آگاهی کارگران تأثیر گذاشته است. نگرش آنان از نگرش انقلابی، بسیار فاصله دارد. سیاست برای آنان در رأی دادن به این یا آن حزب سرمایه‌داری خلاصه می‌شود و بس. این حقیقت ساده ـ که جنبش متشکل کارگری هنوز به فعالیت مستقل سیاسی رو نیاورده، بلکه در فعالیت‌های سیاسی خود دنباله‌رو حزب سیاسی روزولت است ـ به خودی خود ما را بدین نتیجه‌گیری رهنمون می‌سازد که کارگران آمریکایی هنوز رزمندگی بی‌امان خود در اعتصابات اقتصادی، علیه تک‌تک سرمایه‌داران را به مبارزه‌ی سیاسی مستقلی علیه کل کارفرمایان، به‌عنوان یک طبقه، بسط نداده‌اند. اما، در خصوص حزب مارکسیست، که برنامه‌اش تحول انقلابی جامعه است، باید گفت

که در چنین محیطی تنها توانسته است توجه چند هزار نفری را به پیام خود جلب و تعداد محدودتری از پیشروترین و از نظر طبقاتی آگاه‌ترین مبارزین را به صفوف خود جذب کند.

چهل میلیون کارگر آمریکایی، که تقریباً یکپارچه به روزولت رأی می‌دهند، مراحل نخستین و ابتدایی رشد درک سیاست طبقاتی را طی می‌کنند. تماماً آکنده از توهمات دموکراسی بورژوایی هستند. تا اندازه‌ای ناراضی و تا حدودی از نظر اتحادیه‌گرایی آگاه هستند، اما از نظر طبقاتی ناآگاهند؛ به شکل وسواس‌گونه‌ای برای حکومت فدرال ـ به‌عنوان حکومت تمامی مردم ـ احترام قایلند و امیدوارند از طریق رأی دادن به آن دسته از سیاستمداران سرمایه‌داری که "دوست" هستند اوضاع خودرا بهبود بخشند. کارگران آمریکایی از فاشیسم، که هیتلر را نماد آن می‌دانند، متنفرند. شناخت آنان از سوسیالیسم و کمونیسم در آن حدی است که مطبوعات سرمایه‌داری تبلیغ کرده‌اند و نسبت به آن یا احساس تخاصم می‌کنند و یا بی‌تفاوتند. مفهوم واقعی سوسیالیسم، یعنی مفهوم انقلابی و مارکسیستی آن، برای اکثریت آنان امری ناشناخته است.

در زمانی که محاکمه در مینیاپولیس در جریان بود، یعنی در اکتبر، نوامبر و دسامبر ۱۹۴۱، عوامل بیرونی و طرز فکر کارگران آمریکایی این‌گونه بود و حزب ما تحت چنین شرایطی قرار داشت . این شرایط چه وظایف مشخصی برعهده‌ی ما می‌گذاشت و چه روش‌های خاص تبلیغاتی را بر ما تحمیل می‌کرد؟ از نظر ما جواب این سؤال‌ها بسیار واضح است. وظیفه‌ی ما این بود که از طریق تریبون محاکمه برای خود *گوش شنوایی بیابیم*. باید تا جایی که امکان داشت عقاید خود را به شکل ساده‌ای مطرح می کردیم، به نحوی که برای کارگران *موجه و معقول* جلوه کند و هر جا که میسر شود مثال‌های معروفی از تاریخ آمریکا را شاهد

بگیریم. روی سخن ما با کارگران به‌گونه‌ای کلی و به دور از واقعیت موجود نبود. بلکه، منطبق با شرایط واقعی آنان در ایالات متحده در سال ۱۹۴۱ بود. ما باید درک می‌کردیم که ساختارهای دموکراسی و قانونی بودن حزب ما تا حدود زیادی کار تبلیغات ما را تسهیل می‌کند و نباید این مسأله را سرسری گرفت. وظیفه‌ی ما تسهیل کار قاضی نبود، بلکه دشوارتر کردن کار او بود. البته تا جایی که می‌توانستیم پیش برویم و در عین حال اصول خود را تکذیب نکنیم. ما چنین مسایلی را در طول محاکمه مدنظر داشتیم.

منتقدین ما به شرایطی که برشمردیم اشاره‌ای نمی‌کنند. چنین استنباط می‌شود که اصلا در این باره فکر نکرده‌اند. روش ما بسیار متفاوت از این است که به سادگی فرمولی را درباره‌ی "دست به عمل زدن" ـ که هیچ چیز لازم ندارد مگر یک حافظه‌ی قوی ـ تکرار کنیم. دقیق‌تر بگوییم: روش مارکسیستی، یعنی کاربرد اصول در شرایط عینی خاص به منظور محبوب ساختن یک حزب و ایجاد جنبشی که در زندگی واقعی مبارزه‌ی طبقاتی به فعالیت عملی ختم شود، نه "عمل" بر روی کاغذ، که نقطه‌ی شروع و ختم فرقه‌گرایانِ منجمد فکر است.

از دادگاه استفاده کردیم تا پروگراممان را شرح دهیم

تحقق وظیفه‌ی اصلی ـ یعنی استفاده از فضای دادگاه به‌عنوان تریبونی برای صحبت با آن کارگران آمریکایی که در وضع فعلی‌شان ممکن بود برای اولین‌بار صدای ما را بشنوند ـ به‌نظر ما لازم می‌آورد که فراخوانی برای جنگ مسلحانه صادر نکنیم، بلکه برنامه‌مان را صبورانه و همانند کلاس درس، با لحنی آرام، توضیح دهیم. بنابراین، ما اصول خود را با شرایط موجود وفق ندادیم. بلکه، شیوه‌ی تبلیغاتی خود را با توجه به درکی که از اوضاع داشتیم تطبیق دادیم. شیوه‌ی تبلیغ و لحن کلامی که ما به‌کار بردیم به شکل فراگیر و با یک فرمول

خاص، که باید در همه جا به‌طور یکسان به‌کار رود، تجویز نشده‌اند. شیوه‌ی تبلیغات و لحن صحبت ما در این شرایط خاص صرفاً بر اساس رفع نیازهای یک حزب اقلیت مارکسیست طرح شده بود. آن‌هم در کشوری پهناور با نظام سرمایه‌داری دموکراتیک و در این شرایط خاص تاریخی، که وضع کلی آن در بالا تشریح شد.

رفیق میونیز ما را متهم می‌کند که اشاعه‌ی عقاید و دفاع از خود (و دفاع از قانونی بودن حزب) را به قیمت زیر پا گذاردن اصول انجام داده‌ایم. او اظهارات ما در محاکمه را "تحقیقاً فرصت‌طلبانه" و "در مرز تکذیب اصول" اعلام کرده است. به دنبال چنین ادعایی و ادعاهای مشابه آن، به اطلاع ما می‌رسد که "دست کشیدن از اصول و جایگزین ساختن آن با مانور، خطای عظیمی است." این فرضیه ـ که در جنبش ما خیلی بدیع نیست ـ می‌تواند با قید نکات زیر پذیرفته شود: فرضیه را درک کنیم؛ و میان آن‌دسته از "مانورها" که برای خدمت به اصول انجام می‌گیرند و دسته‌های دیگری که اصول را نقض می‌کنند فرق بگذاریم؛ و این فرضیه را هنگامی به‌کار بریم که زیر پا گذاردن واقعی اصول مطرح است، نه زیر پا گذاشتن خیالی. اصل مطلب همین است. استادان مارکسیست گرچه اصول خود را تغییر ندادند، اما، اغلب نحوه‌ی بیان و لحن کلام و نقاط تأکیدشان را برحسب موقعیت تغییر دادند. ما نیز حق داشتیم چنین عمل کنیم و آن را وظیفه‌ی خود می‌دانستیم. از این دیدگاه، ارزیابی دفاعیات ما نتایجی به بار خواهد آورد که با استنتاج عجولانه‌ی منتقدمان متفاوت است.

۳. خشونت و گذار به سوسیالیسم

اولین اتهام وارده بر ما "توطئه برای سرنگونی حکومت با توسل به زور و خشونت" و بر مبنای قانون مصوب سال ۱۸۶۱ بود که در اصل علیه شورش

برده‌داران وضع شده بود. در دومین مورد اتهام، ما متهم شده بودیم که قانون مصوب ۱۹۴۰ اسمیت را از طریق "توطئه برای ترویج سرنگونی حکومت با توسل به زور و خشونت" نقض کرده‌ایم.

در دفاع از خود، ما بدون چون و چرا اتهام "توطئه" و "ترویج" خشونت را رد کردیم و با این کارمان به هیچ وجه قصد نداشتیم هیچ یک از اصول مارکسیسم را تکذیب کنیم. ما مدعی حق خود برای توضیح مواضع‌مان شدیم. ما شهادت دادیم که تحول اجتماعی صلح‌آمیز را ترجیح می‌دهیم؛ بورژوازی قدم اول را برای اعمال خشونت برمی‌دارد و مانع تحول صلح‌آمیز خواهد شد؛ و ما به کارگران توصیه می‌کنیم که این موضوع را مد نظر قرار دهند و برای *دفاع از خود* در مقابل طبقه‌ی اقلیت مرتجع و جان به سر شده آماده شوند.

این فرمول ـ که جوهر آن صد در صد صحیح است و از دیدگاه صاحب‌نظران مارکسیست به‌هیچ وجه حمله به آن جایز نیست ـ با مقاصد دادستان همخوانی نداشت و در محکوم کردن ما نیز به او کمکی نکرد. البته، وظیفه‌ی ما کمک به او نبود. توضیحات ما بر مبنای ملاحظات دیگری مورد تأیید رفیق میونیز واقع نمی‌شود و با برداشت او از موضوع همخوانی ندارد. این نیز وظیفه‌ی ما نیست، زیرا استنباط او از مسایل دلبخواهی و ناشی از انجماد فکری است ــ و بنا براین غلط است.

دادستان می‌خواست تمامی بحث مربوط به سوسیالیسم را تنها در مسأله‌ی "قهر و خشونت" خلاصه کند. ما از طرف دیگر ـ برای اولین بار در یک دادگاه آمریکایی ـ سعی کردیم به شرح مسایل بپردازیم، حتی اگر توضیحات ما به طرح نقش موجزی خلاصه شود؛ و تلاش کردیم طیف گسترده‌ای از نظریات مارکسیستی را همانند یک کلاس مطالعه برای کارگرانی که آشنایی نداشتند

تشریح کنیم و تا جایی که چارچوب محدود دادگاه اجازه و اعتراضات مکرر دادستان فرصت می‌داد، به شرح مطالب بپردازیم و سعی کردیم مبحث قهرآمیزی انقلاب اجتماعی را در جای مناسب و در ابعاد مناسبش مطرح کنیم و مسئولیت آغاز آن را به گردن کسانی بیندازیم که مسئول واقعی آن هستند - یعنی بر دوش طبقه‌ی جان به سر شده.

ما به بهترین وجه ممکن و در حد توانمان این کار را در دادگاه انجام دادیم. البته، در یک جر و بحثی که شبیه شلیک تیرهای بلاانقطاع است و به‌طور فی‌البداهه ممکن نیست بتوان نظریات را خیلی دقیق موشکافی کرد و همه‌ی جوانب آن را توضیح داد، با توجه به اینکه زمان بسیار محدود و مختصر است و قوانین دادگاه و اعتراضات دادستان نیز بر محدودیت آن می‌افزاید. ما نمی‌توانیم مدعی چنین دقت و شرح و تفصیلی باشیم و هر انسان منطقی‌یی نیز نباید چنین توقعی از ما داشته باشد. حتی تروتسکی نیز پذیرفت که در دفاعیاتش در مقابل هیأت دویی[1]، که نسبت به شرایط محاکمه‌ی ما در محیط خیلی بهتری برگزار شد، ممکن است خطاهایی مرتکب شده باشد. تروتسکی در پاسخ به انتقاد ور[2] از یک پاسخ او، که در اسناد منتشر شده‌ی هیأت درج شده بود، چنین گفت :

> ممکن است گزارش تندنویسی شده در مواردی فاقد دقت لازم باشد. در اینجا نه یک نوشته‌ی فکر شده درباره‌ی برنامه مطرح است و نه حتی یک مقاله، بلکه صرفاً گزارش تندنویسی شده‌ای که هیأت منتشر کرده است. شما می‌دانید که حتی به خود من اجازه داده نشد که در محتوای متن تغییراتی بدهم. ممکن است برخی سوءتفاهم‌ها و

1- Dewey Commission
2- Ver

> بی‌دقتی‌ها بـه مـتن راه یافتـه باشـد. ممکـن اسـت دشـمنان از آن‌هـا بهره‌برداری کنند، اما رفقایمان باید بـه کـل مطلـب بپردازنـد. (*نشـریه داخلی* حزب کارگران سوسیالیست، شماره ۳).[1]

شاید در اینجا جا داشته باشد که مطرح کنیم دادگاه‌های آمریکـایی، بـرخلاف بسیاری از کشورهای دیگر، اجازه نمی‌دهند مـدافعین مطالـب خـود را بـه‌صـورت مکتوب و به شکل "اعلامیه" به دادگاه تحویل دهند. پاسخ‌ها باید شـفاهی باشـد، باید خیلی کوتاه باشد و هر لحظه ممکن است دادستان یا قاضی وسـط حرفشـان بپرند و مانع از ادامه‌ی کلامشان شوند. متهم در چنین شرایطی دائماً تحـت فشـار است تا پاسخ‌های خود را فشرده و توضیحاتی را حذف کند که به صراحت مطلـب کمک می‌کند، اما رییس دادگاه علاقه‌ای به شنیدنش ندارد.

ما این عوامل را صرفاً بدین جهت ذکر می‌کنیم تـا بـرای کمبودهـا بـه نـوعی تخفیف قایل شویم، همان‌طور که تروتسـکی قایـل مـی‌شـد، نـه اینکـه بخـواهیم گفته‌هایمان را تکذیب کنیم. در مجموع، با در نظر گرفتن بی‌نقص نبودن و جـرح و تعدیل‌های انجام شده در دفاعیات شفاهی، ما به اهداف تبلیغاتی خود در دادگاه رسیدیم و مکتوبات گواهی بر ادعای ماست. گزارش‌هـای دادگـاه، کـه در هـزاران نسخه منتشر شده است، به مهم‌ترین و مؤثرترین سند تبلیغاتی ما تبدیل شده‌انـد و به همین شکل باقی خواهند ماند. این سند یک سند انقلابی صـادقانه و صـریح است. هیچ‌کس نمی‌تواند از ارزش آن بکاهد.

درباره کاربرد خشونت هنگام گذار جامعه از سرمایه‌داری به سوسیالیسـم چـه گفتیم؟ آنچه گفتیم بدین شرح است:

۱- این نامه را همچنین می‌توان در *نوشته‌های لئون تروتسکی (۱۹۳۷ - ۱۹۳۸)* یافت. (نیویورک: انتشارات پاث‌فایندر، ۱۹۷۲، ۱۹۷۶)، صص ۱۵۸-۱۶۱ [چاپ ۲۰۱۲].

"ما مبحث قهرآمیز بودن انقلاب اجتماعی را در جای مناسب و در ابعاد مناسبش مطرح کردیم و مسئولیت آغاز آن را به گردن کسانی انداختیم که مسئول واقعی آن هستند ـ یعنی بر دوش طبقه‌ی جان به سر شده."

- جیمز پی کانن

عکس بالا: پاریس، مارس ۱۸۷۱. "کمون پاریس"، اعلام نخستین حکومت کارگری در همایش عظیم توده‌های کارگران و سایر زحمتکشان. کانن از توضیحی که لنین درباره‌اش داده بود نقل قول کرد؛ این نخستین دولت بود "بدون ارتش دایم، بدون پلیسی که رو در روی مردم ایستاده باشد، بدون صاحب‌منصبانی که مافوق مردم قرار گرفته باشند." دو ماه بعد، این دولت را بورژوازی فرانسه در هم کوبید؛ بیش از ۲۰,۰۰۰ تن از زحمتکشان قتل‌عام شدند.

۱ـ مارکسیست‌ها گذار صلح‌آمیز [از سرمایه‌داری به سوسیالیسم] را ترجیح می‌دهند. "موضع مارکسیست‌ها مبتنی بر این است که روش صلح‌آمیز اقتصادی‌ترین، ارجح‌ترین و مطلوب‌ترین شیوه‌ی ایجاد تحول اجتماعی است."

۲ـ "تمامی مارکسیست‌ها معتقدند که گذار با خشونت همراه خواهد بود."

۳- این نظریه "همانند سایر نظریات مارکسیستی برپایه مطالعه‌ی تاریخ شکل گرفته است؛ تجربه‌ی تاریخی بشر در تغییرات متعددی که از یک نظام به نظام دیگر داشته، انقلاب‌هایی که این تغییرات را ایجاد کرده و مقاومتی که کلیه‌ی طبقات جان به سر شده در مقابل نظم جدید از خود نشان داده‌اند. تلاش آنان در جهت دفاع از خود در مقابل نظم جدید، یا تلاش برای سرکوب خشونت‌آمیز نظم جدید، نتیجتاً باعث شده است که همه‌ی تحولات اجتماعی تاکنون بدون استثناء با خشونت همراه باشند."

۴ـ طبقه‌ی حاکم همواره آغازگر خشونت است؛ "همیشه هیأت حاکمه آغازگر خشونت بوده است، همیشه طبقه‌ای خشونت را آغاز کرده که عمرش به سر آمده؛ اما، وقتی ناقوس مرگش به صدا در آمده حاضر به ترک صحنه نشده است. آنان حاضر نمی‌شوند از امتیازات خود دست بکشند، بلکه می‌خواهند با توسل به خشونت آن را تثبیت کنند و لذا با توسل به قهر و خشونت با خیزش اکثریت جامعه مقابله می‌کنند و *نتیجتاً با خشونت توده‌ای طبقه‌ی نوین مواجه می‌شوند*؛ طبقه‌ای جدید که بر حسب حکم تاریخ به قدرت خواهد رسید."

۵ـ پیش‌بینی ما این است. اما "البته، ما صرفاً به پیش‌بینی حوادث بسنده نمی‌کنیم. بلکه، یک قدم جلوتر می‌رویم و به کارگران توصیه می‌کنیم که این موضوع را مدنظر قرار دهند و خود را برای مقابله با آن آماده کنند و به اقلیت مرتجع و جان به سر شده اجازه ندهند که اراده‌ی اکثریت را عقیم سازد."

س: ظهور و موجودیت فاشیسم چه نقشی در احتمال پیدایش قهر و خشونت دارد؟

ج: کنه مطلب در همین سؤال نهفته است. زیرا، قهر ارتجاعی طبقه‌ی سرمایه‌دار، که خود را در فاشیسم متبلور می‌سازد، علیه کارگران فراخوانده می‌شود. مدت‌ها قبل از آنکه جنبش انقلابی کارگران بتواند اکثریت جامعه را به‌سوی خود جلب کند، صاحبان صنایع و مؤسسات مالی بزرگ به دار و دسته‌های فاشیست کمک‌های مالی می‌کنند تا سازماندهی شوند ــ و آنچه در آلمان اتفاق افتاد گواهی بر این بود ـ و این باندهای فاشیست عهده‌دار می‌شوند که جنبش کارگری را با زور و خشونت در هم بشکنند. فاشیست‌ها به سالن‌های تجمع یورش می‌برند، رهبران را ترور می‌کنند، جلسات را به‌هم می‌زنند، چاپخانه‌ها را به آتش می‌کشند و مدت‌ها پیش از آنکه نهضت کارگری در مسیر انقلاب قدم بگذارد، هرگونه امکان فعالیت را از بین می‌برند.

معتقدم که کنه قضیه‌ی قهر و خشونت در همین نهفته است. چنانچه کارگران این موضوع را درک نکنند و در مقابل فاشیست‌ها از خودشان دفاع نکنند، در این‌صورت هرگز فرصت اعلام رأی درباره‌ی انقلاب را به‌دست نخواهند آورد. آنان دچار همان سرنوشت کارگران آلمانی و ایتالیایی خواهند شد و قبل از اینکه هرگونه فرصت منصفانه‌ای بیابند، تا درباره‌ی اینکه آیا خواهان سوسیالیسم هستند یا نه اعلام رأی کنند، گرفتار غل و زنجیر بردگیِ فاشیسم خواهند شد.

سازماندهی، به منظور جلوگیری از فاشیسم و مقابله با در هم کوبیده شدن سازمان‌های کارگری، برای کارگران جنبه‌ی مرگ و زندگی دارد و نکته‌ی مهم این است که آن‌قدر دست روی دست نگذارند که دیگر دیر شده باشد. این است برنامه‌ی حزب ما.

این تمام آن چیزی است که یک مارکسیست واقعاً باید در حال حاضر درباره‌ی مسأله‌ی خشونت در یک دادگاه یا گردهمایی برای کارگران ایالات متحده توضیح دهد. این موضع، حقیقت را بیان می‌کند، بر اصول منطبق است و موقعیت قانونی حزب را حفظ می‌کند. کارگران نیز آن را درک خواهند کرد. به قول مرکوشیوی شکسپیر[1]: "این به اندازه‌ی عمق یک چاه عمیق نیست، به اندازه‌ی درِ کلیسا هم عریض نیست، اما کافی و کارآمد است."

اما، رفیق میونیز از "گفت و شنود تأسف‌بارِ" ما راضی نیست، چون گویا هدف ما "بی‌طرف نگاه داشتن هیأت منصفه‌ای بود که خیلی در خصوص آغازِ خشونت به وحشت می‌افتاد." در خصوص نقل قول پیش گفته اظهار می‌شود، صرف ادای این مطلب که کارگران باید "مشی خشونت‌آمیز طبقه‌ی حاکم را" مدنظر قرار دهند و خود را آماده سازند "به اندازه‌ی کافی صریح و پرحرارت نیست." (او تیزبینی کارگران را دستکم می‌گیرد.) رفیق میونیز می‌گوید: "چرا نباید در هنگام ادای این جملات صدای خود را بالا ببریم و کارگران را فرا بخوانیم تا خشونت خود را علیه خشونتِ ارتجاعی سازماندهی کنند؟"

چرا نه؟ زیرا ضرورت نداشت یا عاقلانه نبود که صدای خود را بالا ببریم و یا در این هنگام برای نبرد فراخوان صادر کنیم. ما، در وهله‌ی اول، گوشه‌ی چشمی

1- Shakespear's Mercutio

به کارگران تازه وارد داشتیم و برای آن‌ها حرف می‌زدیم، کارگرانی که دفاعیات را یا از طریق روزنامه و یا در شکل یک جزوه مطالعه می‌کنند. لازم بود، برای جلب‌نظر چنین کارگری، بیانی آرام و دقیق داشته باشیم. چنین کارگری به هیچ وجه بی‌صبرانه منتظر ننشسته است تا وی را برای نبردی خشونت‌آمیز فراخوانیم. کاملا برعکس، او طرفدار دوآتشه‌ی این به اصطلاح دموکراسی موجود است و چنانچه به سوسیالیسم علاقمند شود، نخستین سؤالش این خواهد بود: "چرا نمی‌شود به روش صلح‌آمیز، از طریق رأی‌گیری، به سوسیالیسم دست یافت؟" لازم است برایش صبورانه توضیح دهیم که گرچه ما ترجیح می‌دهیم این‌گونه باشد، اما، کارفرمایان مانع آن خواهند شد، علیه اکثریت به خشونت متوسل خواهند شد و کارگران باید از خودشان، و از حق‌شان برای تغییر اوضاع، دفاع کنند. فرمول‌های تدافعی ما نه تنها از دیدگاه "هیأت منصفه،" که منتقدین ما به شکل تحقیرآمیزی از آن یاد می‌کنند ـ توگویی بیست و هشت نفر انسانی که علیه‌شان اعلام جرم شده است، در حالتی که از عقل سلیم برخوردارند و حزبی که قانونی بودنش تهدید شده است، می‌توانند ماجراجویانه هیأت منصفه را نادیده بگیرند ـ ایراد قانونی ندارد، بلکه همچنین بهترین روش برای تبلیغاتِ مؤثر است.

این فرمول‌های تدافعی را ما اختراع نکرده‌ایم؛ این‌ها مستقیماً از مارکسیست‌های بزرگی سرچشمه می‌گیرند که اعتقادی به حسن‌نیت طبقات دشمن نداشتند و می‌دانستند چگونه علیه آنان نبرد، یعنی نبرد توده‌های مردم، را سازماندهی کنند. و همان استادان و سازماندهندگان نبرد توده‌های مردم همچنین هرگز در ارج نهادن به شکل‌های گوناگون دموکراسی و قانونی بودن حزب کوتاهی نکردند و دست از آن‌ها برنداشتند و تا سرحد ممکن از وجود آن‌ها بهره گرفتند. استادان ما هرگز خود را از روی ترس از قهر و خشونت عقب

نکشیدند؛ و هرگز مردم را از طریق اشاعه‌ی نظریه‌ی صلح‌آمیز بودن تحول جامعه فریب ندادند. اما، آنان همیشه درباره‌ی خشونت به یک شکل واحد، با یک لحن واحد و با تأکید یکسان سخن نگفتند. همیشه در شرایطی که به هر نحوی با شرایط ما مشابه بوده است، همان‌گونه سخن گفته‌اند که ما در جریان محاکمه سخن گفتیم. شواهد در این زمینه بسیار وافر و کوبنده‌اند.

نظرات انگلس و تروتسکی درباره‌ی مسأله‌ی خشونت

اولین اظهاریه‌ای که موضع کمونیستی در خصوص مسأله‌ی خشونت و گذار به سوسیالیسم را فرموله می‌کند در نوشته‌ای از انگلس تحت عنوان *اصول کمونیسم* آمده است. این سند که ساختارش از نوع "پرسش و پاسخ" است در سال ۱۸۴۷ نوشته شده و عموماً به‌عنوان طرح اولیه‌ی *مانیفیست کمونیست* تلقی می‌شود. انگلس می‌نویسد:

"سؤال شانزدهم: آیا ممکن است بتوان مالکیت خصوصی را با روش‌های صلح‌آمیز ملغی ساخت؟

"پاسخ: این چیزی است که باید خیلی مشتاق آن باشیم و کمونیست‌ها در این جهان در صف اول مشتاقان حل مسایل به روش صلح‌آمیز خواهند ایستاد."

انگلس قول نداد که راه حل مسأله صلح‌آمیز خواهد بود و فراموش نکرد اضافه کند: "چنانچه پرولتاریا در تحلیل نهایی وادار به انقلاب شود، کمونیست‌ها به حمایت از آرمان کارگران بلند خواهند شد و در عمل به همان میزان چابک و چالاک خواهند بود که در کلام هستند." (مارکس و انگلس، *مجموعه آثار*، جلد۶، صص. ۳۴۹ـ۳۵۰).

آخرین اظهارات معتبر مارکسیستی که تروتسکی نود و سه سال پس از آن بیان کرد، همان محتوای جملات انگلس را در بردارد. هنگامی که در تابستان ۱۹۴۰ کمیته‌ی دایس[1] به منزل یکی از رفقای حزب در تگزاس یورش برد و بخشی از مکتوبات را ضبط کرد، رفیق تروتسکی که تهاجم به موقعیت قانونی حزب را پیش‌بینی می‌کرد به ما نامه‌ای نوشت و توصیه کرد که تبلیغات خود را به گونه‌ای فرمول‌بندی کنیم تا بتوانیم "از نظر قانونی" از خود دفاع کنیم و به ما هشدار داد که "زمینه‌ای برای تعقیب قانونی" خود ایجاد نکنیم. این نامه، که گویی پیشاپیش نوشته شده است تا پاسخی برای بحث‌های بی‌پایه‌ی رادیکال‌های افراطی درباره‌ی دادگاه مینیاپولیس باشد، در نشریه *بین‌الملل چهارم*، اکتبر ۱۹۴۰، ص ۱۲۶ منتشر شد. تروتسکی می‌نویسد:

> روایت تگزاس، روایت مهمی است. طرز برخورد کسانی که درگیر مسأله هستند از دیدگاه قانونی می‌تواند بسیار تعیین کننده باشد.
>
> البته، ما نمی‌توانیم از استالینیست‌ها تقلید کنیم که وفاداری مطلق خود را به دموکراسی بورژوایی اعلام می‌دارند. اما، ما قصد نداریم زمینه را برای پیگرد قانونی خود فراهم سازیم.
>
> در این مورد، مثل سایر موارد، باید حقیقت را آن‌گونه که هست بیان کنیم؛ بدین معنی که اقتصادی‌ترین و مناسب‌ترین روشی که توده‌های مردم می‌توانند به کار گیرند تا تغییر شکل جامعه را تحقق بخشند، همان روش دموکراتیک است. علاوه بر آن، دموکراسی برای سازماندهی و آموزش توده‌های مردم ضروری است. به همین دلیل

1- Dies Committee

است که ما همواره آماده‌ایم تا از حقوق دموکراتیک مردم به روش خود دفاع کنیم. اما، ما با تکیه به تجارب عظیم تاریخی واقفیم که شصت فامیل هرگز تحقق دموکراتیک اصول سوسیالیستی را اجازه نخواهند داد. در لحظه‌ای خاص، این شصت فامیل به شکل غیر قابل اجتنابی نهادهای دموکراتیک را سرنگون و یا برای سرنگونی آن تلاش خواهند کرد تا دیکتاتوری ارتجاعی را جایگزین این نهادها کنند. این همان چیزی است که قبلا در ایتالیا، آلمان و همین چند روز پیش در فرانسه رخ داد ــ بگذریم از اینکه همین پدیده در بسیاری از کشورهای کم‌اهمیت‌تر نیز اتفاق افتاده است. ما از قبل می‌گوییم که برای نفی چنین تلاش‌هایی اسلحه در دست خواهیم گرفت و با تکیه بر دیکتاتوری پرولتاریا، دیکتاتوری فاشیستی را درهم خواهیم شکست.

این موضع بر واقعیت‌های تاریخی منطبق و از نظر قضایی ضربه‌ناپذیر است.[۱]

دفاع از قانونی بودن حزب

این اظهارات، که بنیان‌گذار جنبش ما درآخرین ماه حیاتش نوشته است، برحسب اتفاق و تصادفی عنوان نشده‌اند. این مطالب در ارتباط مستقیم با یک تعقیب کیفری نوشته شده بود و او مشخصاً به ما هشدار داد "نحوه‌ی برخورد کسانی که در این مسأله درگیر هستند می‌تواند از جنبه‌ی قانونی تعیین‌کننده باشد." او به ارزش قانونی بودن حزب واقف بود و مایل نبود ما به شکلی غیرضروری آن را

۱- برای این نامه همچنین می‌توان مراجعه کرد به *نوشته‌های تروتسکی (۱۹۳۹-۱۹۴۰)*، (انتشارات پاث‌فایندر: ۱۹۶۹، ۱۹۷۳)، صص ۴۵۹-۴۶۰ [چاپ ۲۰۱۲].

به‌خطر بیندازیم. او به انحای مختلفی گفت که اتهام دادستان را در این زمینه، که ما خشونت توطئه‌آمیز از جانب یک گروه اقلیت را توصیه می‌کنیم، رد کنید. مسأله را به‌گونه‌ای طرح کنید که با "واقعیت تاریخی همخوانی" داشته باشد و در عین حال، به کلام فرمول‌های تدافعی، "از نظر قضایی، حمله‌ناپذیر باشد."

آن نامه‌ی تروتسکی، طی جریان محاکمه، سرمشق ما بود. ما کلام تروتسکی را به‌عنوان نظرگاه معتبر مارکسیستی پذیرا شدیم. برای ما اکنون نظریه‌ای معتبرتر از آن وجود ندارد. جنبش ما، جنبش بین‌الملل چهارم که از سال ۱۹۳۳ مستقیماً از مبارزات آپوزیسیون تروتسکیست در روسیه نشأت گرفته است؛ مکتب و سنتی دارد که شامل بر کل مارکسیسم و کل تعالیم و راه و روش لنین است و آنچه در این مکتب در دوران بعد از لنین توسعه یافته را هم در بر می گیرد. ما می‌دانیم که در سالیان اخیر در تقابل قرار دادن لنین و تروتسکی و استناد به لنین به‌عنوان تنها نظرگاه معتبر باب شده است. برای مثال، اُهلرایت‌ها[1] در ایالات متحده، که خود را "لنینیست" معرفی می‌کنند، این‌گونه‌اند و حتی شاکمن[2]، که دورانی دستی بر کار رادیکالیسم داشت، نیز تلاش کرد تا نظرات لنین را با سیاست‌های نظامی تدوین شده به دست تروتسکی در تقابل قرار دهد. این فکاهی همان‌قدر فاقد اعتبار است که تلاش عده‌ای فرصت‌طلب در جنگ جهانی اول برای در تقابل قراردادن مارکس و انگلس با لنین فاقد اعتبار بود.

هر چهار صاحب‌نظر بزرگ مارکسیست ـ مارکس، انگلس، لنین و تروتسکی ـ در تداوم پیوسته‌ی تجربیات انعکاس یافته در تفکرات مارکسیستی نقشی واحد دارند. برای ما، لنین همان مارکس است در دوران جنگ جهانی اول و انقلاب

1- Oehlerites
2- Shachtman

اکتبر. تروتسکی همان لنین است در عصر انحطاط استالینیسم و مبارزه علیه آن، عصر فاشیسم و جنگ جهانی دوم و عصر تدارک برای خیزشی جدید در انقلاب جهانی پرولتاریا.

این "لنینیست"ها ـ خداوند القابشان را حفظ کند! ـ علاقمندند که نقل‌قول‌های خارج از متنی از لنین را به‌عنوان پاسخ‌های ثابت و نهایی به مسایل جاری به‌کار برند. حال آنکه این مسایل همواره جدیدند و در شرایط بی‌نهایت متغیری پدیدار می‌شوند. نمی‌توان تحریفی بزرگ‌تر از این برای لنینیسم ـ که یک روش است و نه مجموعه‌ای از متون انجیل و تورات ـ ایجاد کرد. آنان کلمات لنین را برای هرگونه شرایطی به‌کار می‌برند، بدون آنکه دریابند لنین همیشه کلام خود را تکرار نمی‌کرد و از چنین روش‌هایی که با مارکسیسم زنده در تقابل‌اند و تفکر را منجمد می‌کنند، متنفر بود. یک مثال زنده از چنین عملکردی را می‌توان در تلاش میونیز دید: او سعی می‌کند ما را به "نفی" لنین متهم کند. چون بر خود مجاز دانستیم بگوییم جمله‌ای که لنین در خصوص قیام در روسیه‌ی تزاری در سال ۱۹۰۶ نوشته بود، برای تبلیغات ما در ایالات متحده در سال ۱۹۴۱ کاربردی ندارد.

اعتراف صریح ما در مقابل دادگاه به اینکه ما پیرو لنین هستیم برای ارضای میونیز کافی نیست. اظهارات ما مبتنی بر اینکه لنین در جنبش ما "منزلت والایی در سطح مارکس" دارد، و "نظریات و تعالیم بنیادینی که لنین بدان عمل می‌کرد، ترویج می‌کرد و به اجرا در می‌آورد، مورد حمایت جنبش ماست" ـ چنین اعلام مواضعی، در نظر منتقد ما برای پذیرفتن لنین کفایت نمی‌کند. به‌نظر می‌رسد که او فکر می‌کند لازم است هر کلمه‌ی لنین را به‌عنوان آیه‌ای از انجیل

برای هر موقعیتی بپذیریم، به‌رغم اینکه خود لنین درباره‌ی همان موضوع در شرایط متفاوت چه گفته باشد.

میونیز یکی از سؤالات دادستان، آقای شواین‌هات را شاهد می‌گیرد که نقل قولی است از کتاب *انقلاب ۱۹۰۵* لنین: "'ما وظیفه داریم در هنگام قیام بدون ذره‌ای ترحم کلیه‌ی رؤسای قوای لشکری و کشوری حکومت را بی‌رحمانه از صفحه‌ی روزگار محو کنیم.' ... آیا شما با این مطلب مخالفید؟"

طبیعتاً ما تکذیب کردیم که این مطلب موضع حزب ما در حال حاضر و در این مکان باشد و آن را این‌گونه اصلاح کردیم: "ما با نابود کردن هیچ‌کس موافق نیستیم، مگر اینکه مبارزه‌ی مسلحانه‌ای پدید آمده باشد، یعنی زمانی که قوانین جنگ حاکم است." واقعیت این است که این سخن را به حرمت لنین گفتیم و این بیش از آن چیزی بود که ما اکنون برای ادای مطلب درباره‌ی ریشه‌کن‌سازی در مقابل یک دادگاه سرمایه‌داری یا در یک سخنرانی تبلیغاتی در ایالات متحده بدان نیاز داشتیم. اما، این‌ها میونیز را قانع نمی‌کند. او می‌گوید، چرا به‌جای "رؤسای قوای لشکری و کشوری" باید بگوییم "هیچ کس"؟ "چرا باید این پاراگراف را نفی کنیم؟" ما باید حرف‌های لنین را کلمه به کلمه تکرار می‌کردیم!

چرا باید این کار را می‌کردیم؟ *لنین گفته‌های خود را کلمه به کلمه تکرار نمی‌کرد.* بلکه، برعکس، او چنین فرمول‌هایی را تغییر می‌داد و اصلاح می‌کرد تا بدون هر تشریفاتی با زمان مورد نظر انطباق داشته باشد. در واقع، در آستانه‌ی انقلاب اکتبر، لنین فرمول خود را به میزان قابل توجهی تغییر داد، تا لحن و مفهوم "ملایم‌تری" بدان ببخشد، تا در دستیابی به اهداف سیاسی‌اش در آن مقطع از زمان بهتر مؤثر واقع شود. او در نامه‌ای که به تاریخ ۲۶-۲۷ سپتامبر ۱۹۱۷ به کمیته‌ی مرکزی [حزب بلشویک] نوشت، *نامه‌ای که دعوت به*

سازماندهی قیام بود، هرگونه اشاره‌ای به "ریشه‌کن‌سازی" را حذف می‌کند و صرفاً می‌گوید: "ما باید مسئولین و حکومتی‌ها را دستگیر کنیم." (لنین، مجموعه آثار، جلد بیست و ششم، ص. ۲۷، تأکید از کانن است).[1]

حتی به مناسبت دیگری، در ۱۴-۱۶ سپتامبر ۱۹۱۷، لنین هنگام طرح "مصالحه" با سوسیال رولوسیونرها و منشویک‌ها که اکثریت داشتند، پیشنهاد کرد که حکومت سوسیال رولوسیونر ـ منشویک تشکیل شود و فقط به شوراها پاسخگو باشد. او گفت: "چنین حکومتی با تمام احتمالات قادر خواهد بود رژه‌ای صلح‌آمیز و رو *به جلو* را برای کل انقلاب روسیه تدارک ببیند." و اضافه کرد چنانچه این پیشنهاد با موافقت سوسیال رولوسیونرها و منشویک‌ها مواجه شود، آن‌گاه:

> بلشویک‌ها، به نظر من، هیچ شرط و شروط دیگری نمی‌توانند قایل شوند. ما مطمئن هستیم که آزادی کامل برای تبلیغات و تحقق بلافصل دموکراسی جدیدی در ترکیب شوراها (برگزاری انتخابات جدید برای نمایندگان شوراها) پدید خواهد آمد و عملکرد آنان حرکت صلح‌آمیز انقلاب به جلو را تضمین خواهد کرد و در چارچوب شوراها *نتیجه صلح‌آمیزی* به دست خواهد آمد.
>
> شاید چنین چیزی اکنون غیرممکن بنماید؟ شاید. اما، حتی اگر یک درصد هم احتمالش موجود باشد، ارزش دارد که برای تحقق‌اش تلاش کنیم (لنین، مجموعه *آثار*، جلد ۲۵، ص. ۳۰۷).

۱- نقل قول‌ها از آثار وی. آی. لنین به مجموعه *آثار* لنین، چاپ انتشارات پراگرس در دهه‌های ۱۹۶۰ و ۱۹۷۰، ارجاع داده شده است. ترجمه‌های درج شده در آنجا به میزان خیلی کمی با نقل قول‌های کانن فرق دارد.

در این حالت، لنین در خصوص "رؤسای لشگری و کشوری" مربوط به احزاب خرده‌بورژوای دموکرات به‌عنوان "هیأت حاکمه" هیچ چیز مطرح نکرد و فقط عنوان کرد که قدرت را در دست بگیرند و "آزادی کامل و واقعی تبلیغات" را تضمین کنند. در ۹ اکتبر ۱۹۱۷، لنین بار دیگر به این مسأله پرداخت و نوشت:

> وظیفه‌ی ما حکم می‌کند تا کمک کنیم هر آنچه ممکن است انجام گیرد تا 'آخرین' فرصت برای تکامل صلح‌آمیز انقلاب پدید آید و از طریق ارائه‌ی برنامه‌ی خود و از طریق روشن کردن ماهیت عمومی و سراسری آن و سازگاری کامل آن با منافع و خواسته‌های اکثریت عظیم مردم، بدین امر کمک شود (لنین، *مجموعه آثار*، جلد ۲۶، ص. ۶۰).

بدین ترتیب، لنین پیشنهاد کرد که برمبنای شرایط خاص و در سه موقعیت متفاوت با "رؤسای کشوری و لشکری" به سه طریق مختلف مبارزه شود ـ از طریق "ریشه‌کن ساختن"، "دستگیری" و "تبلیغات صلح‌آمیز". هر سه به یک میزان انقلابی بودند. مناسبت‌ها و شرایط هرکدام با دیگری فرق داشت.

لنین چنین تغییراتی را مدنظر داشت و متناسب با آن پیشنهاداتش را تغییر می‌داد. او هرگز از فرمول‌های تاکتیکی برای خودش کَت‌بند درست نمی‌کرد. ما نیز، اگر بخواهیم لنینیست‌های اصیلی باشیم، نباید چنین کنیم.

سرمایه‌داران منابع خشونت را تحت سلطه‌ی خود دارند

"زور، قابله‌ی هر جامعه‌ی قدیمی‌یی است که باردار جامعه‌ی نوینی است" ـ این یک اصل بدیهی است که هر شاگرد مکتب مارکسیسم آن را می‌داند. ایجاد و

اشاعه‌ی توهمات در این زمینه غلط است و ما نیز در محاکمه چنین نکردیم. اما، اشتباه بزرگی خواهد بود اگر از این مطالب نتیجه بگیریم که خشونت و صحبت درباره‌ی خشونت در هر زمان و در تمام شرایط در خدمت به پیشتازان انقلابی و به‌نفع آنان خواهد بود. بلکه برعکس، در زمانی که حزب هنوز در حال جمع‌آوری نیروست و منابع و قدرت اصلی، منجمله ابزار اعمال خشونت، در اختیار طرف مقابل است، در چنین موقعیتی اوضاع صلح‌آمیز و وجود ساختارهای دموکراتیک قانونی مناسب‌ترین شرایط برای حزب است. لنین گفت که انگلس "اصرار می‌کرد که باید از شرایط مجاز و قانونی بورژوایی استفاده کرد و این کاملا صحیح بود" و همین‌طور زمانی که در سال ۱۸۹۱ به طبقه‌ی حاکم آلمان گفت: "آقایان بورژوا، اولین شلیک از آن شما!"

حزب ما، که هنوز هم باید برای *یافتن گوش شنوا* در میان طبقه‌ی کارگرِ آمریکا که تاکنون بی‌تفاوت مانده است تلاش کند، اصلا دلیلی ندارد بر شیوه‌ی "خشونت آمیز" تأکید و یا آن را ترویج کند. این ارزیابی بر مبنای مرحله‌ی فعلی تحول طبقاتی و چگونگی رابطه‌ی نیروها در ایالات متحده استوار است و نه بر مبنای آنچه میونز به شکل اغراق‌آمیزی تلاش برای دریافت "حبس کوتاه‌مدت" تلقی می‌کند. واقعیت این است که ما طی محاکمه ده‌ها بار بیش از تبلیغات خود در مطبوعات حزبی در ده سال گذشته به موضوع خشونت پرداخته‌ایم، از جمله ادای سهم حجیم رفیق تروتسکی.

میونیز توضیحات صبورانه و مکرر ما را "درباره‌ی اینکه آغازگر خشونت کیست" و "لحن کلی" ما را دور از شأن خود می‌داند و می‌گوید "در مواردی باعث شرمندگی انسان می‌شود" و به‌عنوان جایگزین به ما توصیه می‌کند که "لحن افتخارآمیزی" داشته باشیم. طبق نظر میونیز، اگر ما از چنین نعمت

کمیابی برخوردار بودیم، آن‌گاه چنین می‌گفتیم: "کارگران و کشاورزان باید به خشونت روزمره‌ی بورژوازی با خشونت سازمان‌یافته‌ی اکثریت توده‌های محروم پاسخ دهند. ما پیش‌بینی نمی‌کنیم، بلکه اطمینان می‌دهیم و خشونت موقت اکثریت را علیه خشونت سازمان‌یافته و ارتجاعی اقلیت توصیه و تقاضا می‌کنیم."

ما چیزی راجع به "لحن افتخارآمیز" نمی‌دانیم و احتیاجی هم بدان نداشتیم؛ ما به‌عنوان عده‌ای هنرپیشه با ژست مخصوص به خود در دادگاه حضور نیافتیم، بلکه فقط به‌عنوان مبارزان حزب و برای انجام وظیفه در یک فعالیت سیاسی به دادگاه رفتیم. طبیعتاً، پسندیده است که یک مبارز انقلابی از شهامت عادیِ یک انسان برخوردار باشد، تا بتواند مخاطرات مستتر در مبارزه علیه سرمایه‌داری را پذیرا شود. و می‌توانیم اضافه کنیم: یک مبارز حزبی باید آن‌قدر مدبّر باشد که از قربانی دادن غیرضروری پرهیز کند. فقدان هر یک از این دو خصیصه می‌تواند نارساییِ جدیِ شخصیتی تلقی شود. اما، برخورداری از هر دو خصیصه و کارآمد بودن به‌موقع هر دو، باز هم برای پاسخ به مهمترین سؤالی که در هنگام محاکمه با آن مواجه بودیم کفایت نمی‌کند: اینکه چه نوع فرمول‌بندی و با چه لحنی، با چه تأکیدی بر مسأله‌ی خشونت به بهترین وجهی می‌توانست تحت شرایط موجود به آرمان ما خدمت کند؟ پاسخ بدین سؤال باید سیاسی باشد، نه تئاتری.

بدون شک لنین از خشم و نفرت علیه ستم روا شده بر مردم می‌سوخت و از انواع و اقسام خشونت‌ها، که جزیی از رژیم سلطه‌ی طبقاتی است، آگاه بود. همچنین، گرچه غیرممکن است بتوانیم در خصوص "لحن" صحبت کنیم، بگذریم از "لحن افتخارآمیز" لنین ـ آن‌گونه که عاری از هر گونه خودنمایی بود. اما شواهد حاکی از آن است که او شهامت لازم را برای احراز مقام خود داشت. عناوین پرطمطراقی همچون "لحن افتخارآمیز" برای لنین به اندازه‌ی یک کلاه

ابریشمی بیگانه است. لنین کله‌شق‌ترین شورشی تاریخ بود. اما، طرز برخورد او با مسأله‌ی خشونت، همانند کلیه‌ی مسایل دیگر، برمبنای ملاحظات سیاسی تعیین می‌شد. او به هیچ وجه یک فرمول جهانشمول به‌کار نمی‌برد و تأکیدش بر مسایل همیشه یکسان نبود، آن‌گونه که میونیز برای ما نسخه می‌پیچد. بدون شک، فرمول‌هایی که حزب بلشویک طی ماه‌ها و حتی هفته‌های پیش از قیام اکتبر در تبلیغات خود به‌کار می‌برد، به‌مراتب نسبت به آنچه میونیز از حزب ما در محاکمه می‌طلبد کمتر "رادیکال" بود، حال آنکه اگر بخواهیم حق مطلب را ادا کنیم، باید بگوییم که حزب ما یک گروه تبلیغاتی کوچک و منزوی است.

توضیح صبورانه

مطالعه‌ی استراتژی استاد بزرگ انقلابی پس از انقلاب فوریه، هنگامی که به روسیه بازگشت و کار *بسیج مردم* بر گرد حزب بلشویک را *از طریق تبلیغات* طرح کرد، بسیار آموزنده است. حزب بلشویک به سرعت شروع به رشد کرد، اما با این‌حال ماه‌ها یک اقلیت بود. برای یک افراطی طرفدار "خشونت" بسیار آموزنده خواهد بود که بداند چگونه لنین، تحت چنین شرایطی، پیگیرانه تلاش کرد تا *موضوع خشونت را به حاشیه براند* و زورآزمایی زودرس را به تعویق بیندازد. حتی تا ۹ اکتبر نیز، همان‌طور که دیدیم، لنین پیشنهاد می‌کرد "تا تمام تلاش خود را به خرج دهیم تا 'آخرین' فرصت برای پیشروی صلح‌آمیز انقلاب را تضمین کنیم." بالاخره، هنگامی که او برای اقدام عملی فراخوان صادر کرد، موضوع عمل توده‌های مردم مطرح بود، نه رجزخوانی نمایشی. حزب بلشویک، به شکرانه‌ی کار تبلیغاتی اولیه خود، نیروی توده‌ای داشت تا نبرد را تا پیروزی به پیش برد.

لنین در ۲۵ آوریل در روزنامه‌ی *پراودا* علیه "زخم‌زبان‌های شرارت‌بار" از جانب "وزیر نکراسف"[1]، درباره‌ی "ترویجِ خشونت" از ناحیه‌ی بلشویک‌ها، این‌گونه اعتراض کرد:

> آقای وزیر، عضو ارجمند 'حزب آزادیخواه مردم'، شما دروغ می‌گویید. این آقای گوچکف[2] است که خشونت را ترویج می‌کند، زمانی که سربازان را به‌خاطر برکنار کردن مسئولین تهدید به تنبیه می‌کند. این روزنامه‌ی قوم‌کش *روسکایا وولیا*[3] است که خشونت را ترویج می کند؛ همان که متعلق به 'جمهوری‌خواهانِ' قوم‌کش است و با شما هم روابط دوستانه‌ای دارد.
>
> *پراودا* و طرفدارانش خشونت را ترویج نمی‌کنند. بلکه، برعکس، آنان به وضوح کامل و بادقت و بدون شبهه اعلام می‌دارند که در حال حاضر کانون فعالیت‌شان باید *توضیح* مسایل کارگری به توده‌های کارگر و متمایز از مسایل خرده‌بورژوازی باشد که تسلیم مواضع ناسیونالیستی شده است (لنین، *مجموعه آثار*، جلد ۲۴، صص. ۱۱۰-۱۱۱).

در چهارم ماه مه، کمیته‌ی مرکزی حزب [بلشویک.م.] قطعنامه‌ای را که لنین نوشته بود، تصویب کرد. اهداف این قطعنامه عبارت بود از: مهار رهبری بخش پتروگراد که سریع‌تر از جریان حوادث حرکت می‌کرد، گذاشتن "مسئولیت" هرگونه خشونت بر گردن "حکومت موقت و حامیانش" و متهم

1- Nekrasov
2- Guchkov
3- *Russkaia Volya*

کردن "اقلیت سرمایه‌دار" به اکراه از "گردن نهادن به اراده‌ی اکثریت مـردم." در اینجا دو پاراگراف از این قطعنامه نقل می‌شود:

> ۱ـ تهییج‌گران و سخنگویان حزب باید دروغ‌پردازی‌های حقیرانـه‌ی روزنامه‌های سرمایه‌داری و روزنامه‌های مدافع سرمایه‌داران را مبنی بـر این که جنگ داخلی ما را تهدید مـی‌کنـد، تکـذیب کننـد. ایـن دروغ رذیلانـه‌ای اسـت. زیـرا، در لحظـه‌ی کنـونی کـه سـرمایه‌داران و حکومت‌شان نمی‌توانند و جرأت نمی‌کنند علیه توده‌های مـردم دسـت به خشونت بزنند، در این هنگام که جمیع سربازان و کـارگران آزادانـه خواسته‌های خود را بیان می‌کنند و آزادانه مسئولین امـور اجتمـاعی را انتخاب و برکنار می‌کنند ـ در چنین لحظه‌ای هرگونه فکر و اندیشـه‌ای در خصوص جنگ داخلی ساده‌لوحانه، بی‌معنـی و لاطـائلات اسـت؛ در چنین مقطعی باید کاملا به اراده‌ی اکثریت مردم گردن نهـاد و اقلیـت ناراضی باید انتقادهای خود را بیان کنـد؛ اگـر خشـونت بـه‌کـار بـرود، مسئولیت آن به گردن حکومت موقت و حامیانش خواهد بود.
>
> ۲ـ حکومت سرمایه‌داران و روزنامه‌های آن، از طریق قیل و قـال در مورد جنگ داخلی واهی، فقـط سـعی دارنـد اکـراه سـرمایه‌داران را از گردن نهادن به اراده‌ی اکثریت مردم سرپوش بگذارند (لنین، مجموعـه *آثار*، جلد ۲۴، ص. ۲۰۱).

آیا این جملات به شکل غافلگیرکننده‌ای با "گفتگوی تأسـف‌بـار در خصـوص اینکه چه کسی آغازگر خشونت خواهد بود،" که میونیز متکبرانه علیه‌اش اعتراض می‌کرد، شباهت ندارد؟ بدون شک، شباهت موجود تصادفی نیست. فرمول‌های مـا

از آسمان به زمین نیافتاده‌اند. ما زحمت خواندن مکتوبات لنین را به خود داده‌ایم، نه برای اینکه حرف‌هایش را حفظ کنیم، بلکه بدین جهت که بیاموزیم جوهر روش او در بسیج توده‌های مردم در زمانی که بلشویک‌ها در اقلیت بودند چه بود.

در پنجم ماه مه، کمیته‌ی مرکزی حزب بلشویک در مبارزه علیه تحریکات دشمن از یک طرف و بی‌تابی انقلابی اعضای حزب از طرف دیگر، قطعنامه‌ی دیگری را به پیشنهاد لنین تصویب کرد. این سند ارزشمندی است و هر رفیقی که تحت تأثیر صحبت‌های سرسری درباره‌ی "دست به عمل زدن" قرار گرفته و آن‌هم "دست به عمل زدن" حزبی که فاقد حمایت توده‌ای لازم برای انجام چنین کاری است، بهتر است نه یک بار، بلکه ده بار آن را بخواند. در این قطعنامه آمده است:

> شعار 'سرنگون باد حکومت موقت' در مقطع کنونی به‌جا نیست. مگر اینکه اکثریت قاطع مردم (یعنی مردمی آگاه از نظر طبقاتی و سازمان یافته) طرف طبقه کارگر را گرفته باشند. در غیر این‌صورت، یا صرفاً یک جمله‌ی توخالی است و یا از نظر عینی به سطح ترغیب تلاش‌هایی با طبیعت ماجراجویانه سقوط خواهد کرد (لنین، *مجموعه آثار*، جلد ۲۴، صص. ۲۱۰-۲۱۱).

اگر این عقاید صحیح باشند، که ما معتقدیم صحیح هستند، در این‌صورت منطقی است که نتیجه بگیریم حزب کارگران سوسیالیست در ایالات متحده دوران طولانی و روزهای سختی از تبلیغات و *توضیح صبورانه* را در پیش روی خود خواهد داشت. بدین‌طریق باید حمایت توده‌های مردم را به‌دست آورد، پیش

از آنکه بتواند از دست‌زدن به عمل صحبت کند. لنین برای حزب بلشویک این‌گونه نتیجه‌گیری کرد و دستورالعمل‌های دقیقی را بنیان نهاد و این درست شش ماه قبل از آن بود که این حزب به اکثریت برسد. همان قطعنامه در بند دیگری چنین می‌گوید:

> شعارهای زمان حاضر بدین شرح است: (۱) *تشریح* سیاست پرولتاریایی و روش پرولتری خاتمه‌ی جنگ؛ (۲) *انتقاد* از برنامه‌ی خرده‌بورژواییِ که به حکومت سرمایه‌داری اعتماد می‌کند و موافق آن است؛ (۳) *تبلیغ و تهییج* گروه به گروه، در میان هر هنگ، در هر کارخانه، به‌خصوص در میان عقب‌افتاده‌ترین اقشار مردم، خدمه، کارگران غیرماهر و غیره. زیرا، بورژوازی در دوران بحران عمدتاً می‌کوشد به آنان تکیه زند؛ (۴) *سازماندهی، سازماندهی و سازماندهی بیشتر* طبقه‌ی کارگر: در هر کارخانه، در هر ناحیه، در هر کوی و برزن (لنین، مجموعه *آثار*، جلد ۲۴، ص. ۲۱۱ ؛ تأکید از کانن است).

لنین، بزرگ‌ترین رهبر عمل انقلابی، که معتقد بود ابتدا باید "*توضیح داد*،" "*متقاعد کرد*" و "*اکثریت را به‌سوی خود جلب کرد*،" در ششم ماه مه چنین نوشت:

> نمی‌توان از طریق اعمال خشونت فرد علیه فرد، یا از طریق قیام محدود گروه‌های کوچکی از مردمان مسلح، یا تلاش‌های بلانکوئیستی

Workers of the World Unite!

Socialist Appeal

1000 New Subscribers By April 15th!

WORKERS CAN DEFEAT HITLER

They Can End the Threat of Fascism By Crushing the Capitalist System

The Principle of the Thing

THAT WAY LIES FASCISM

THE ONLY WAY OUT

Nazis Established On Soviet Border

U.S.S.R. IN PERILOUS SPOT

FRANCE SPEEDS TREND TOWARDS A DICTATORSHIP

U. S. 'Democracy' Bared In Report

Madrid Surrender Near; Negrin Works With Miaja

Pittman Bill Frees U. S. Hands for War

Office Workers Quit CIO; Protest Union Bureaucracy

SWP Picket Threat Stops Philadelphia Fascist Meet

"در مواجهه با جنگ امپریالیستی، حزب کارگران سوسیالیست در ایالات متحده دوران طولانی و روزهای سختی از تبلیغات و توضیح صبورانه را در پیش روی خود خواهد داشت."

- جیمز پی کانن

عکس بالا: کمپین از طریق نشریه *فراخوان سوسیالیستی*، مارس ۱۹۳۹. این هفته‌نامه توضیح می‌دهد که کارگران و کشاورزان برای شکست هیتلر و سرنگونی سلطه‌ی سرمایه‌داری در داخل کشور، لازم است حکومت خود را داشته باشند.

برای 'تسخیر قدرت' و یا از طریق 'دستگیری' اعضای حکومت موقت[1]، و غیره، بحران را حل کرد.

امروزه شعار ما این است: سیاست پرولتاریایی و روش پرولتاریایی خاتمه جنگ را، با دقتی هر چه بیشتر، واضح‌تر و در سطح وسیع‌تری توضیح دهید. (لنین، مجموعه *آثار*، جلد ۲۴، ص. ۱۶).

بدون شک، مارکسیسم مکتب عمل انقلابی است. اما، با "خشونت فردی،" "قیام نیم‌بند گروه‌های کوچک،" و یا هرگونه "عملی" که طی آن تعدادی از افراد یا گروه‌های اقلیت خود را جایگزین توده‌های مردم کنند، هیچ‌گونه ارتباطی ندارد. به عبارت دیگر، مارکسیسم، آنارشیسم یا بلانکیسم[2] نیست و علیه چنین گرایش‌هایی به مبارزه‌ای آشتی‌ناپذیر می‌پردازد. عمل انقلابی، که مارکسیسم درصدد آن است، عمل توده‌های مردم است، عمل طبقه‌ی کارگر به‌عنوان اکثریت جامعه است، که در رأس آن حزب پیشقراول قرار دارد. اما، زمینه‌ی ایجاد این عمل و نقش رهبری‌کننده‌ی حزب در آن، فقط می‌تواند *از طریق تبلیغات مهیّا* شود. این درس اصلی پیشرفت حزب بلشویک پس از انقلاب مارس[3] و تحول نهایی شعارهای آن از تبلیغ به عمل است. روش لنین این‌گونه بود. این روش در مقایسه با روش افراد بی‌تابی که رؤیای میان‌بُر زدن و انتظار معجزه از واژه‌ی

۱- حکومت موقت، حکومتی ائتلافی متشکل از حزب بورژوایی کادت و احزاب سازشکار منشویک و سوسیال رولوسیونر بود که بین فوریه ۱۹۱۷ تا پیروزی انقلاب اکتبر۱۹۱۷ بر روسیه حکومت کرد.م.

۲- لویی آگوست بلانکی Louis Auguste Blanqui (۱۸۰۵-۱۸۸۱) یکی از شخصیت‌های جنبش انقلابی فرانسه بود. او بر این عقیده بود که یک گروه کوچک مردان مصمم، شدیداً منضبط، می توانند انقلاب را از طریق کودتا تحت تأثیر قرار دهند.م.

۳- در متن انگلیسی انقلاب مارس ذکر شده که همان انقلاب فوریه بر مبنای تقویم جدید است.م.

سحرآمیز "عمل" را دارند به‌مراتب کمتر رومانتیک است. اما در عوض، روش لنین در انتها به یک عمل توده‌ای عظیم و پیروزمند منتهی شد.

حزبی که از یک پایگاه توده‌ای برخوردار نیست و هنوز در ابعاد گسترده‌ای برای کارگران شناخته شده نیست، باید با مشی تبلیغات و توضیح صبورانه به سراغ آنان برود و به خواسته‌های ناشی از ناشکیبایی برای "دست زدن به عمل" هیچ‌گونه توجهی نداشته باشد. چون توانمندی سازماندهی آن را ندارد و تأکید اغراق‌آمیز بر توسل به "خشونت" در شرایط مورد بحث به ضررش تمام خواهد شد. هنگامی که در نظر داشته باشیم حزب لنین همواره چقدر مواظب و حتی محتاط بود تا مانع تحریک خود شود و تا موقعی که در اقلیت است دست از فرمول *تبلیغات صلح‌آمیز* برندارد، آن‌گاه حتی پیشنهاد اینکه حزب ما در زمان حاضر و با توجه به قدرت کنونی‌اش، خط‌مشیِ "متهورانه‌تری" را برگزینند، بسیار دور از واقعیت به‌نظر می‌رسد؛ درست مثل کابوسی منفک از واقعیت. لنین می‌نویسد:

> حکومت مایل است که شاهد اولین بی‌مبالاتی ما در یک اقدام عملیِ تعیین کننده باشد. زیرا چنین چیزی به نفع‌اش خواهد بود. حکومت از اینکه حزب ما شعار تظاهرات صلح‌آمیز را مطرح کرده است، سخت خشمگین است. ما نباید در مقابل چشمان منتظر خرده‌بورژوازی ذره‌ای از اصول خود عقب‌نشینی کنیم. حزب کارگری گناه بزرگی به‌گردن خواهد داشت، چنانچه مبنای سیاست‌اش را بجای سازماندهی، که مورد نیاز است، بر آرزوهای ذهنی خودش قرار دهد. ما نمی‌توانیم قاطعانه بگوییم که اکثریت مردم از ما حمایت می‌کنند. بنابراین، در

چنین شرایطی باید شعار ما احتیاط، احتیـاط، احتیـاط باشـد. (لنـین، مجموعه *آثار*، جلد ۲۴، ص.۲۳۷).

با توجه به این مطالب، باید واضح باشد انکـار "مسـئولیت داشـتن" در ایجـاد خشونت از جانب ما در دفاعیّاتمان، وسیله‌ی خاصی نبود که ما آن را اختراع کرده باشیم تا، آن‌گونه که ادعا شده است، "بـا هیـأت منصـفه رابطـه‌ی خـوبی برقـرار کنیم." فرمول‌بندی ما از مسأله، که از لنـین وام گرفتـه شـده، بـرای خـدمت بـه اهداف سیاسی جنبش ما در شرایط کنونی طراحی شده است. ما رعایت قـانون را رد نکردیم، احتیاجی بدین کار نبود و در رد آنچه در کیفرخواست علیه ما مطـرح شده بود، کاربرد خشونت را "توصیه" نکردیم.

اما، در عین حال خودمان را به عنـوان عـده‌ای پاسیفیسـت آشـتی‌طلـب هـم معرفی نکردیم و یا اینکه به توهمات آشتی‌طلبانه دامن نزدیم.کـاملا بـرعکس: مـا موضوع خشونت و تحول سوسیالیستیِ جامعه را به همان شیوه‌ای تشـریح کـردیم که اساتید بزرگ ما، که یک انقلاب را سازماندهی کرده‌انـد، آن را تشـریح کردنـد. علاوه بر آن، ما توضیح صادقانه و دقیقی نیز درباره‌ی خشونت تدافعی کارگران در مبارزات طبقاتیِ روزمره در دوران پیش از انقلاب دادیم. مکتوبات دادگاه پر اسـت از مطالبی که اثبات می‌کند ما قطعاً سازماندهی گـارد دفـاعی کـارگران را توصـیه کرده‌ایم. دفاعیات از این هم جلوتر میرود ـ و این مبحث کـم‌اهمیتـی نیسـت ـ و آشکار می‌سازد که ما حرف را بـه عمـل تبـدیل کـرده و در سـازماندهی واقعـی و فعالیت‌های گارد دفاعی و گروه‌های مجهز دفاعی کارگران، در زمـانی کـه شـرایط ملموس واقعی چنین فعالیت‌هایی را ممکن و مناسب ساختند، خود دست اندرکار بودیم.

ما آشتی‌طلب‌های پاسیفیست نیستیم. تمام دنیا می‌داند و برای دادستان اصلا سخت نبود تا یک‌بار دیگر ثابت کند که اعتصابات بزرگ مینیاپولیس، که تروتسکیست‌ها رهبری آن را بر عهده داشتند، فارغ از خشونت نبودند و فقط کارگران هم نبودند که صدمه دیدند. ما نه سوابق این قضیه را انکار کردیم و نه از بابت آن معذرت خواستیم. هنگامی که دادستان در اشاره به یکی از اعتصابات توأم با درگیری ـ که کارگران از آن پیروزمند بیرون آمدند ـ با تحکم پرسید: "آیا آنچه گذشت، تبلور تروتسکیسم بود؟" او پاسخ رک و راستی دریافت کرد. پرونده‌ی محاکمات چنین بیان می‌کند:

ج: خوب، من می‌توانم نظر خودم را بگویم. من بسیار افتخار می‌کنم به اینکه تروتسکیسم در تأثیرگذاری بر کارگران، در دفاع از خودشان علیه چنان خشونتی، سهمی داشت.

س: خوب، منظورتان چه نوع خشونتی است؟

ج: نایب پلیس‌ها به همین منظور سازماندهی شده بودند تا کارگران را از خیابان‌ها بیرون کنند. به آن‌ها قطره‌ای از همان دارویی خورانده شد که خودشان نسخه‌ی آن را پیچیده بودند. به نظر من کارگران حق دارند از خودشان دفاع کنند. اگر چنین کاری خیانت است، فبها .

با این دفاعیات، ما آنچه را لازم است درباره‌ی مسأله‌ی خشونت در مبارزات طبقاتی روزمره گفته شود گفتیم. همان‌گونه که در نقل‌قول قبلی هر آنچه لازم بود در خصوص نقش خشونت در گذار جامعه به سوسیالیسم گفته بودیم. اگر این

نحوه‌ی طرح مطالب به دادستان کمکی نکرد، باید یک بار دیگر بگوییم: کمک به دادستان وظیفه‌ی ما نبود. اگر بر ما خرده بگیرند که چرا حتی در آوردن مثال اعتصاب مینیاپولیس، در برخورد با موردی که قطعاً خشونت طبقه‌ی کارگر مطرح بود، بر تدافعی بودن خصلت آن تأکید ورزیدیم، تنها پاسخی که می‌توانیم بگوییم چنین است: در زندگی واقعی، فرق میان فرمول‌بندی دقیق تدافعی از یک طرف و صدور سرسری "فراخوان به عمل" از طرف دیگر، معمولاً در انتهای کار منجر می‌شود به فرق میان عمل واقعی و اینکه صرفاً حرفش زده شود.

۴. گذارِ صلح‌آمیز؟

تأکید مکرر ما در محاکمه مبنی بر اینکه ما تحول صلح‌آمیز جامعه به سوسیالیسم را ترجیح می‌دهیم، و اینکه ما فقط برای دفاع از خود به خشونت متوسل می‌شویم، انتقاد و تمسخر منتقد ما را برمی‌انگیزد. میونیز می‌گوید: "چرا که نه؟" - "چرا نباید علاوه بر این‌ها به‌خاطر تعهد عذاب‌آورمان برای کاربرد خشونت علیه بورژوازی طلب مغفرت کنیم؟" امکان دارد دیگران فرمول‌بندی‌های ما را فاقد لحن تهاجمی و فاقد رزمندگی لازم تشخیص دهند. اما، در مقایسه با میونیز، با نرمش بیشتری با آن برخورد کنند و از نظر قانونی با حسن تعبیر با آن برخورد کنند و تحت شرایط موجود آن را موجه بشمارند. مطمئناً فرمول‌بندی ما از نظر قانونی به ما کمک کرد و ما در تأکید از این بابت هیچ‌گونه دو دلی به خود راه ندادیم. علاوه بر آن، از نظر ما، اعلام اینکه ما تروتسکیست‌ها تغییر جامعه از طریق مسالمت‌آمیز را ترجیح می‌دهیم، از دیدگاه برخورد تبلیغاتی با کارگران دموکرات‌منش آمریکا، روش صحیحی است. در نظر گرفتن این دو موضوع بسیار

حائز اهمیت است. اما، ما کاملا آماده‌ایم و اعلام کنیم که این‌ها نمی‌توانند توجیهی باشند برای اظهار نظر دروغ و مزورانه و یا در تناقض با اصول.

ما در انجام وظیفه قصور نکردیم و گناهی بر گردن‌مان نیست. در این زمینه نیز فرمول‌های ما همان فرمول‌های اساتید مارکسیسم است. آنان نه تنها بر ارجح شمردن تغییر مسالمت‌آمیز جامعه تأکید کردند، بلکه، چنین انقلاب مسالمت‌آمیزی را تحت شرایط ویژه‌ای ممکن می‌دانستند. ما، از جانب خود، چنین چشم‌اندازی را برای ایالات متحده رد کردیم، اما در عین حال اعلام داشتیم که روش مسالمت‌آمیز را ترجیح می‌دهیم و بورژوازی حاکم را به‌عنوان آغازگر خشونت متهم کردیم. در این زمینه ما وفاداری خود را به مکتب و سنت مارکسیسم کاملا حفظ کردیم. در جایگاه شهود مینیاپولیس، ما به نظرات مارکس و انگلس در ارتباط با انگلستان در قرن نوزدهم اشاره کردیم. نقل قول کلمه به کلمه از انگلس چنین است:

> بدون شک، در این لحظه، باید به صدای کسی گوش فرا دهید که تمامی نظراتش نتیجه‌ی یک عمر مطالعه‌ی تاریخ اقتصاد و اوضاع انگلستان است و اینکه آن مطالعات او را بدین نتیجه مجاب کرد که، حداقل در حوزه‌ی اروپا، انگلستان تنها کشوری است که انقلاب اجتماعیِ غیرقابل اجتناب آن ممکن است کاملا به روش مسالمت‌آمیز و از طریق قانونی تحقق پیدا کند. او قطعاً فراموش نکرد که بیفزاید، به‌هیچ‌وجه توقع ندارد طبقات حاکم انگلستان، بدون 'شورشی در دفاع از برده‌داری،' در مقابل چنین انقلاب مسالمت‌آمیز و قانونی‌یی خود را

تسلیم کند (انگلس، ۱۸۸۶، پیش‌گفتار کتاب *سرمایه* مارکس، انتشارات پنگوئن، جلد اول، ص. ۱۱۳).

ما باید اضافه کنیم شرایطی که در زمان مارکس بر انگلستان حاکم بود، دیگر وجود خارجی ندارد و بنابراین ارزیابی او در این زمینه روزآمد نیست و حالا کاربرد ندارد. در هر صورت، ما این موضوع را در خصوص ایالات متحده روشن کردیم.

در کتاب *تروریسم و کمونیسم*، کتابی که از ابتدا تا انتهایش نگاه بت‌واره‌ی کائوتسکی به بورژوا دموکراسی را به باد انتقاد گرفته است، تروتسکی از خشونت انقلاب کارگری، به‌عنوان سلاحی که بورژوازی ضدانقلابی *بر او تحمیل کرده است*، دفاع می‌کند و در عین حال هرگز ارجح شمردن راه مسالمت را نفی نمی‌کند. در مقدمه‌ای که تروتسکی برای ویرایش دوم این کتاب نوشت ــ که در انگلستان منتشر شد و ناشر بر آن نام در *دفاع از تروریسم* گذاشت ــ او موضع خود را این‌گونه توضیح می‌دهد:

> ممکن است طرفداران فابیان[1] به ما انتقاد کنند که چرا می‌گوییم طبقه‌ی کارگر انگلستان می‌تواند از طریق پارلمان قدرت را به‌دست بگیرد و به طریق مسالمت‌آمیز جامعه را متحول کند و از طریق قانونی آن را قدم به قدم پیش ببرد و تمامی تغییرات لازم در جامعه‌ی سرمایه‌داری را تحقق بخشد و بدین ترتیب نه‌تنها به تروریسم انقلابی نیازی پیدا نکند، بلکه زیر پای ماجراجویی ضدانقلابی را نیز خالی کند.

1- Fabians

> چنین دیدگاهی در نظر اول، با توجه به پیروزی بسیار مهم حزب کارگر در انتخابات، بسیار مجاب‌کننده است ـ اما فقط در نگاه اول و آن هم نگاهی بسیار سطحی. *ترس من از آن است* که از همان ابتدای کار امیدهای فابیان اصلاً قابل تحقق نباشد. می‌گویم '*ترس من از آن است،*' *زیرا یک تحول مسالمت‌آمیز و پارلمانی به سوی ساختار اجتماعی جدید بدون شک برتری‌های بسیار مهمی را از نظر مصالح فرهنگ و نتیجتاً از نظر مصالح سوسیالیسم در بر دارد.* اما، در عرصه‌ی سیاست هیچ‌چیز خطرناک‌تر از آن نیست که آنچه را آرزو می‌کنیم با آنچه امکان‌پذیر است، اشتباه بگیریم. (تروتسکی، مقدمه بر ویرایش دوم در *دفاع از تروریسم* به زبان انگلیسی، تأکید از ماست.)

ما نیز در محاکمه سعی کردیم همین مطالب را به زبان خود و به طریق خود و متناسب با اوضاع موجود بگوییم. در این فرمول‌بندی کلاسیک، مزیّت قانونی و تبلیغاتی "ارجح شمردن تحول مناسب مسالمت‌آمیز" جای مناسب خود را می‌یابد و تحت‌الشعاع موضوعی قرار می‌گیرد که بسیار وزین است: "برتری از نظر مصالح فرهنگ و نتیجتاً از نظر مصالح سوسیالیسم."

تروتسکی بار دیگر در مقدمه‌اش بر کتاب *افکار زنده‌ی مارکس* انقلاب خشونت‌آمیزی را برای ایالات متحده پیش‌بینی کرد، اما فراموش نکرد که مسئولیت آن را به گردن طبقه‌ی حاکم بیندازد. تروتسکی چنین می‌نویسد:

> البته، از همه بهتر آن بود که بتوان به طریق مسالمت‌آمیز و ایجاد تغییرات تدریجی و دموکراتیک به این هدف دست یافت. اما، نظم اجتماعیِ جان به سر شده هرگز بدون مقاومت جایش را به نظام اجتماعی بعدی واگذار نمی‌کند (ص. ۳۳).

مسئولیت خشونت، بر دوش بلشویک‌ها نبود

همان‌گونه که قبلا نشان دادیم، لنین اتهامات وارده مبتنی بر مسئولیت بلشویک‌ها در ایجاد خشونت را آن‌قدر مکرراً رد کرد که در آن زمان انقلابی، هر منتقد مبتلا به مرض رادیکالیسم و شدیداً تشنه‌ی "عمل،" به‌خوبی می‌توانست لنین را به‌خاطر جملات "توأم با حسن تعبیر و منش دلپسندش" به باد انتقاد بگیرد و او را با این سؤال ریشخند کند: "علاوه بر این‌ها، چرا طلب مغفرت نمی‌کنی؟" مگر نه اینکه لنین، که در حال فراهم ساختن شرایط مناسب برای بزرگ‌ترین عمل توده‌ای تاریخ به وسیله‌ی تبلیغ بود، تا آخرین لحظه تأکید کرد که طریق مسالمت‌آمیز را ترجیح می‌دهد.

در روزهای ۹ و ۱۰ اکتبر او قول داد که چنانچه شوراها قدرت را در دست بگیرند و بدین ترتیب تحول مسالمت را تضمین کنند، از آن‌ها "همه جانبه" حمایت کند:

> طبقه‌ی کارگر برای نجات انقلاب از هیچ‌گونه از خود گذشتگی دریغ نخواهد کرد و نجات انقلاب بدون عمل به برنامه‌ی پیش گفته میسر نیست. از طرف دیگر، اگر شوراها از آخرین فرصت استفاده و تحول

> مسالمت‌آمیز انقلاب را تضمین کنند، طبقه‌ی کارگر از هر جهت از شوراها پشتیبانی خواهد کرد. (لنین، مجموعه *آثار*، جلد ۲۶، ص. ۶۸).

لنین در همان مقاله می‌گوید که حتی تا آن واپسین لحظه نیز شوراها این امکان را داشتند و "احتمالا این آخرین فرصت" بود، تا تحول مسالمت‌آمیز را تضمین کنند:

> در صورت تسخیر قدرت، شوراها هنوز هم می‌توانند و احتمالا این آخرین فرصت آنان است تا تحول مسالمت‌آمیز انقلاب را تضمین کنند؛ یعنی انتخاب مسالمت‌آمیز نمایندگان مردم، مبارزه‌ی مسالمت‌آمیز احزابی که در داخل شوراها فعالند، به آزمایش گذاردن برنامه‌ی احزاب مختلف در عمل و انتقال قدرت از یک حزب به حزبی دیگر. (لنین، مجموعه *آثار*، جلد ۲۶، ص. ۶۷).

تا واپسین دم ۲۹ سپتامبر، لنین معتقد بود که تحت شرایط منحصر به فردی که او برشمرد، "لحظه‌ی نادری در تاریخ" فراهم آمده و تحول مسالمت‌آمیز جامعه نه تنها ممکن، بلکه حتی *محتمل است*. او می‌نویسد:

> تحول مسالمت‌آمیز یک انقلاب، به‌طورکلی، بسیار نادر و امر مشکلی است. زیرا، انقلاب به معنی حد اعلای تشدید حادترین تضادهاست. اما، در یک مملکت دهقانی در زمانی که اتحاد پرولتاریا و دهقانان *می‌تواند صلح* را به مردمی بازگرداند که جنگ جنایت‌بار و ناعادلانه باعث فرسودگی آنان شده است، زمانی که چنین اتحادی می‌تواند *تمام*

زمین‌ها را به دهقانان بدهد، در این‌صورت تحول مسالمت‌آمیز انقلاب ممکن و محتمل است، به شرط آنکه تمام قدرت به دست شوراها بیفتد.

در داخل شوراها مبارزه‌ی احزاب برای کسب قدرت می‌تواند مسالمت‌آمیز باشد، اگر شوراها کاملا دموکراتیزه شده و "تعدی‌های تحقیرآمیز" و نیرنگ و خدعه بر علیه اصول دموکراتیک قطع شده باشند ـ مانند اینکه سربازان حق داشته باشند به ازای هر پانصد سرباز یک نماینده انتخاب کنند، حال آنکه کارگران به ازای هر هزار نفر حق انتخاب یک نماینده را داشته باشند. در یک جمهوری دموکراتیک چنین تعدی‌های تحقیرآمیز محکوم به فناست (لنین، *مجموعه آثار*، جلد ۲۶، صص. ۳۶-۳۷).

تروتسکی در کتاب *تاریخ انقلاب روسیه* این استراتژی بلشویک‌ها را، که به پرستش خشونت آلوده نبود، این‌گونه تشریح می‌کند:

انتقال قدرت به شوراها، به مفهوم بلافصل آن، یعنی انتقال قدرت به سازشکاران. چنین کاری می‌توانست شکل مسالمت‌آمیزی به خود بگیرد. صرفاً از طریق کنار گذاردن ساده‌ی حکومت بورژوازی که علت تداوم حیاتش چیزی نبود مگر حسن تفاهم سازشکاران و باقیمانده‌ی اعتماد مردم به اینان. دیکتاتوری کارگران و سربازان از همان بیست و هفتم فوریه به یک واقعیت تبدیل شده بود. اما، کارگران و سربازان در این مقطع الزاماً بدان آگاه نبودند. آنان قدرت را به سازشکاران سپرده

و اینان نیز آن را به بورژوازی تقدیم کرده بودند. محاسبات بلشویک‌ها در زمینه‌ی تحول مسالمت‌آمیز انقلاب مبتنی بر این نبود که بورژوازی قدرت را داوطلبانه به کارگران و سربازان تحویل خواهد داد، بلکه بدین معنی بود که کارگران و سربازان در زمان مناسب مانع از آن خواهند شد که سازشکاران قدرت را به بورژوازی تقدیم کنند.

تمرکز قدرت در شوراها، تحت حکومت دموکراسی شورایی، برای بلشویک‌ها فرصت کاملی را فراهم می‌آورد که در شوراها اکثریت پیدا کنند و در نتیجه بتوانند حکومتی را بر مبنای برنامه‌ی خودشان برپا سازند. برای دست‌یابی به چنین هدفی، قیام مسلحانه غیرضروری بود. تبادل قدرت مابین احزاب می‌توانست به‌صورت مسالمت‌آمیز انجام پذیرد. حزب از آوریل تا ژوئیه تمام تلاش خود را بکار گرفته بود تا تحول مسالمت‌آمیز انقلاب را از طریق شوراها میسر سازد. 'توضیح صبورانه' کلید سیاست بلشویک‌ها شده بود (تروتسکی، *تاریخ انقلاب روسیه*[1]، ص. ۹۴۶ [چاپ ۲۰۱۳]).

این گفته‌ها از دو تن از رهبران مارکسیسم، در هنگام عمل، باید برای تمامی مبارزان انقلابی ارزش تعلیماتی داشته باشد. صحبت صادقانه و خالصانه‌ی لنین درباره‌ی "تحول مسالمت‌آمیز انقلاب" و پیشنهادش برای "مصالحه" برای تحقق "آخرین فرصت برای این کار" و جمعبندی تروتسکی در خصوص اینکه "کلید سیاست بلشویک‌ها" درنسخه‌ی ساده‌ی "توضیح صبورانه" پیچیده شده بود ـ جملگی حاکی از آنند که لنین و تروتسکی عاری از افکار پرطمطراق و رادیکال و

1- *History of the Russian Revolution*

مخالف خشونت بودند. اما در عوض، انقلاب پیروزمند پرولتری را سازماندهی کردند.

و آنان زمینه را آن‌چنان خوب فراهم کرده بودند که انتقال قدرت عملا بدون خشونت چشم‌گیری در پتروگراد صورت گرفت. هنگامی که در محاکمه گفتیم "فقط قدری کشمکش صورت گرفت،" حقایق تاریخی را تحریف نکردیم. بعداً خشونت از طریق "شورش حامیان برده‌داری"[۱] پدیدار و نهایتاً توسط نیروی توده‌ی مردم به رهبری حزب بلشویک سرکوب شد. این حقایق تحسین‌برانگیز برای آن‌هایی که می‌خواهند مارکسیست باشند، اعتباری خاصی به توضیحات و فرمول‌های لنین و تروتسکی می‌بخشند.

۵. ' گردن نهادن به اراده‌ی اکثریت'

رفیق میونیز از اینکه در محاکمه در مورد "گردن نهادن به اراده‌ِ اکثریت" پافشاری کردیم ناراضی است. اُهلرایت‌ها نیز این اعلام موضع را به باد تمسخر گرفته‌اند و آن را نوعی ردِ تسلیم‌گونه‌ی اصولمان می‌دانند که به‌منظور تحت تأثیر قرار دادن هیأت منصفه انجام گرفته است. همه‌ی این مفروضات بی‌اساس است. در محاکمه نبود که ما برای اولین بار موضع "گردن نهادن به اراده‌ی اکثریت" را اعلام کردیم. قبل از محاکمه آن را اعلام کرده‌ایم و بعد از محاکمه هم همین‌طور. این اظهاریه‌ی صحیحی از موضع ماست، زیرا هم بر واقعیت منطبق است و هم ضروری است. علاوه بر این‌ها، اساتید مارکسیست قبل از ما آن را اعلام داشته‌اند و ما از آن‌ها آموخته‌ایم.

۱- اشاره‌ای است به جنگ داخلی ایالات متحده در قرن نوزدهم.م.

اگر ما مارکسیست هستیم، نه بلانکیست یا آنارشیست، در این صورت مگر می‌توانیم کاری بجز "گردن نهادن به اراده‌ی اکثریت" انجام دهیم؟ موقعیت مناسبی است که این مسأله را ارزیابی کنیم، زیرا معتقدیم هرگونه صحبت از "عمل" مرموز در شرایطی که از نظر تعداد اقلیت ناچیزی هستیم، می‌تواند به صورت خطرناکی حزب ما را به بیراهه بکشاند. شرح و تفسیر موضع مارکسیستی در این زمینه نیز می‌تواند مفید واقع شود و پادزهری باشد برای زدودن هرگونه سنت شبه ـ بلانکیستی که از سال‌های آغازین فعالیت کمینترن[1] در آمریکا برجای مانده است.

پیشقراولان کمونیست در ایالات متحده (و نه فقط در اینجا) ابتدا فقط آوازه‌ی پیروزی بلشویک‌ها را شنیدند، مدت‌ها قبل از آنکه خط‌مشی سیاسی و روش‌های تبلیغاتی آنان را بیاموزند؛ همان روش‌هایی که با کاربردشان بلشویک‌ها توانستند حمایت توده‌های مردم را جلب کنند و تصاحب قدرت را میسر سازند. بدون شک، اولین تلقی‌شان از رنگ و بوی تبلیغات مطبوعات سرمایه‌داری بی‌نصیب نمانده بود؛ همان مطبوعاتی که انقلاب را به‌عنوان کودتایی طراحی شده توسط یک گروه کوچک معرفی می‌کردند. این درک مغشوش، خود را در نامگذاری چاپ آمریکایی جزوه‌ی تروتسکی تحت عنوان *تروریسم و کمونیسم* نشان داد. انتشارات حزب آن را تحت نام کاملا گمراه کننده‌ی *دیکتاتوری در مقابل دموکراسی* به چاپ رساند. ما اصطلاح "دیکتاتوری" را برای خود برداشتیم و "دموکراسی" را با دست و دلبازی تمام به بورژوازی تقدیم کردیم، تا مدعی آن شود.

۱- کمینترن، بین‌الملل کمونیست، و یا بین‌الملل سوم، نام‌های سازمانی هستند که در سال ۱۹۱۹ تحت رهبری بلشویک‌ها بنیان‌گذاری شد.م.

این عمل عقب‌نشینی بزرگی بود و شاید برای یک جنبش جوان که فاقد شناخت کافی از جوهر دموکراتیک برنامه‌ی بلشویک‌هاست قابل بخشش می‌بود، اما، امروزه قطعاً منسوخ شده است. بورژوازی همواره کوشیده است تا کمونیسم را به‌عنوان "توطئه‌ی جنایت‌بار" معرفی کند تا کارگرانی را که احساس عمیقی به دموکراسی دارند نسبت به آن بیگانه کند. در محاکمه‌ی مینیاپولیس نیز یک بار دیگر چنین هدفی دنبال می‌شد. ما وظیفه داشتیم در محاکمه تمام تلاش خود را به خرج دهیم تا این معرفی غلط را تکذیب کنیم و بر جوهر دموکراتیک برنامه‌ی خود تأکید ورزیم؛ نه برای آنکه خشم ستمگر و دشمن خود را فرونشانیم، آن‌گونه که فرض می‌شود، بلکه برای نشان دادن حقیقت به دوستانمان، یعنی کارگران آمریکا.

نمی‌توانیم هم حلوا را بخوریم و هم آن را داشته باشیم. یا باید به اراده‌ی "اکثریت" گردن نهیم و خود را به تبلیغات طراحی شده برای جلب نظر مساعد اکثریت محدود سازیم ـ یا باید کسب قدرت کنیم و یا به عبارت صحیح‌تر سعی کنیم تا کسب قدرت کنیم و بدین ترتیب گردن حزب را در یک "عملِ" اقلیت بشکنیم.

مراجع صلاحیت‌دار مارکسیسم در خصوص انتخاب میان این دو گزینه هم صریح هستند و هم تکلیف را تعیین کرده‌اند. هنگامی که ما در دادگاه موضع "گردن نهادن" به اراده‌ی اکثریت را اتخاذ کردیم، این‌طور نبود که "دست‌های خود را ببندیم" و اظهارات "فرصت‌طلبانه‌ای" در زمینه‌ی "انفعال در مقابل جنگ امپریالیستی" کرده باشیم، آن‌گونه که ما را متهم می‌سازند. به هیچ وجه این‌گونه نبود. دفاعیات ما مکرراً با تأکید لازم اعلام می‌دارد در هنگامی که "به اراده‌ی اکثریت گردن می‌نهیم" ـ یعنی اینکه به قیام اقلیت یا پوتچ متوسل نمی‌شویم ـ

در عین حال خود را متشکل می‌کنیم، سخنرانی می‌کنیم، می‌نویسیم و "توضیح می‌دهیم." به عبارت دیگر، به تبلیغات خود ادامه می‌دهیم، تا نظر *اکثریت* را به برنامه‌ی خود، که برنامه انقلاب سوسیالیستی است، جلب کنیم.

خیر، ما سعی نداشتیم "تأثیر آبرومندانه‌ای بر هیأت منصفه بگذاریم بدون اینکه در نظر داشته باشیم که روی صحبت ما باید به سمتِ توده‌های مردم باشد." بدون شک ما بی‌شعور نبودیم که وجود هیأت منصفه را به حساب نیاوریم ـ در حالی که سرنوشت بیست‌و هشت تن از رفقایمان در دستش بود، سرنوشت قانونی ماندن حزب که جای خود را دارد. اما، ما همچنین و *مخصوصاً* "با توده‌های مردم" صحبت می‌کردیم. شهادت ما در دادگاه اساساً هدفش انتشار بیانات ما بود. ما مخصوصاً هدف خود را چنین تعیین کرده بودیم، تا هر کسی دفاعیات را به شکل چاپ شده‌اش می‌خواند بدین *حقیقت* متقاعد شود که ما مشتاق هدایت یک جنبش *دموکراتیک* هستیم، نه یک "توطئه،" بدان نحو که دادستان و تمامی مطبوعات سرمایه‌داری به تصویر می‌کشند. نه به‌عنوان عده‌ای حرّاف غیرجدی که ناآگاهانه به ایجاد چنین تصویری کمک می‌کنند. نه اجرای طرحی که باعث انتقال قدرت از یک باند به باند دیگر می‌شود. بلکه، ایجاد جنبشی متشکل از اکثریت و در خدمت منافع اکثریت.

علاوه بر این‌ها، می‌توانیم رک و راست بگوییم که این دفاعیات مخصوصاً به‌نحوی طراحی شده بود تا بر آن عده از اعضاء و طرفداران جنبش که هنوز، تا این تاریخ، عقیده‌ی غیرحرفه‌ایِ دست‌یابی به سوسیالیسم را از طریق بیراهه زدن و یا از طریق پیچیدن نسخه‌های مرموز برای "عمل" در سر می‌پرورانند، شوک تعلیماتی وارد کنیم.

صاحب‌نظران معتبر مارکسیسم جملگی در این مورد وحدت کلام داشته‌اند.

مانیفست کمونیست، اولین و بنیادی‌ترین سند اصول سوسیالیسم علمی، جنبش آزادیبخش پرولتری را در مقایسه و مقابله با همه‌ی جنبش‌های تاریخ بدین‌گونه تشریح می‌کند:

> تمام جنبش‌های تاریخی پیشین، یا جنبش‌های اقلیت هستند و یا جنبش‌هایی به نفع اقلیت. جنبش پرولتاریا جنبش خودآگاه و مستقلِ اکثریت جامعه به نفع همان اکثریت عظیم است. (مارکس و انگلس، *مانیفست کمونیست*، پاث‌فایندر، ص. ۴۵ [چاپ ۲۰۱۳])[۱]

روش‌های سیاسی و استراتژی کمونیستی بر اساس چنین فرضیه‌ای شکل گرفته است. صاحب نظران معتبر مارکسیسم هرگز و هیچ جا مسأله را به‌گونه‌ی دیگری مطرح نکرده‌اند. مارکسیست‌ها تحول اجتماعی را *با* مشارکت اکثریت ایجاد می‌کنند و نه *برای* اکثریت. مبارزه‌ی آشتی‌ناپذیر مارکس و انگلس علیه بلانکیست‌ها بر حول این محور دور می‌زد.

انگلس در سال ۱۸۹۵، پنجاه سال تجربه را در مقدمه‌ای بر کتاب *مبارزه‌ی طبقاتی در فرانسه*، نوشته‌ی مارکس، این‌گونه جمعبندی کرد:

> دوران حملات غافلگیرکننده و دوران تحقق انقلاب‌ها به‌دست یک اقلیت کوچک آگاه که در رأس توده‌های ناآگاه قرار گرفته باشد، سپری شده است. در شرایطی که تحول کامل سازمان‌های اجتماعی مطرح است، توده‌های مردم نیز خود باید در تحقق آن حضور داشته باشند،

۱- ترجمه‌ی فارسی *مانیفست کمونیست*، طلایه پرسو، ص ۵۲. م.

باید از قبل بدانند که سرنوشت چه چیزی مطرح است، باید با جسم و روح خود بدانند به دنبال چه هستند. تاریخ پنجاه سال گذشته به ما چنین آموخته است (مارکس و انگلس، مجموعه *آثار*، جلد۲۷، ص. ۵۲۰).

پیروان مارکس و انگلس در جای پای اساتید خود قدم نهاده‌اند. تجربه‌ی انقلاب روسیه اساس فرضیات بنیان‌گذاران سوسیالیسم علمی را به‌صورت زنده تأیید کرد. دقیقاً به‌خاطر اینکه لنین و تروتسکی این مفهوم را در گوشت و خون خود جذب کرده بودند و می‌دانستند چگونه تمامی فعالیت‌های خود را صرف *تبلیغات برای جلب نظر مساعد اکثریت* کنند و تا کسب حمایت اکثریت در انتظار فرصت مناسب بنشینند و فقط هنگامی دست به "عمل" بزنند که از حمایت اکثریت مطمئن شده باشند.

طی این مدت چه کردند؟ *"به اراده‌ی اکثریت گردن نهادند."* چه کار دیگری می‌توانستند انجام دهند؟ لنین دقیقاً در همان ماه‌هایی که بلشویک‌ها برای کسب قدرت تدارک می‌دیدند، صدها بار این را توضیح داد. در "تزهای آوریل" راجع به "وظایف پرولتاریا در انقلاب کنونی،" که در ۲۰ آوریل ۱۹۱۷ در *پراودا*، چند روز پس از ورودش به روسیه منتشر شد، لنین نوشت:

تا زمانی که ما در اقلیت هستیم، به انتقاد و افشای خطاها ادامه می‌دهیم و در عین حال بر لزوم انتقال تمامی قدرت دولتی به شوراهای نمایندگان کارگران تأکید می‌ورزیم، تا زمانی که توده‌های مردم از راه تجربه بر اشتباهات خود فایق آیند (لنین، مجموعه *آثار*، جلد ۲۴، ص.۲۳).

مارکسیست، نه بلانکیست

او، چند روز پس از آن، دوباره به همین مسأله پرداخت و دلیل این نحوه‌ی برخورد را توضیح داد و دلیل‌اش این بود که "ما بلانکیست نیستیم، مارکسیست هستیم." در ۲۲ آوریل لنین نوشت:

> کارگرانی که به آگاهی طبقاتی دست یافته‌اند، برای کسب قدرت دولتی باید نظر مساعد اکثریت را به‌سوی خود جلب کنند. *تا زمانی که* هیچ‌گونه خشونتی علیه مردم به‌کار نرفته است، هیچ راه دیگری برای کسب قدرت وجود ندارد. ما بلانکیست نیستیم. ما طرفدار کسب قدرت به‌دست یک اقلیت نیستیم. ما مارکسیست هستیم. ما طرفدار مبارزه‌ی طبقاتی پرولتاریا علیه دفاعی‌گری شوونیستی، علیه ورّاجی و اتکاء به بورژوازی هستیم. (لنین، *مجموعه آثار*، جلد ۲۴، ص. ۴۰).

در ماه‌هایی که مستقیماً به انقلاب اکتبر ختم می‌شد، لنین نه یک بار و نه دو بار، بلکه آن‌قدر به کرّات و تقریباً پیوسته این مطلب را مطرح کرد که جایی برای کج‌فهمی دوست و دشمن باقی نماند. لنین بلشویک‌ها را به کار تبلیغاتی "انتقاد" و "افشای اشتباهات" و "تهییج" برای "جلب نظر مساعد اکثریت به‌سوی خود" محدود کرد. این به‌معنی رد گم کردن در مقابل دشمن نبود، بلکه برای آموزش پیشقراولان کارگران بود. او این را در سطح تئوریک مطرح کرد و ما، در پیروی از او، کوشیدیم همان مطلب را در محاکمه به زبان عامه‌فهم بیان کنیم.

مجدداً، در آوریل ۱۹۱۷، در رد نظریات پلخانوف و سایرین که بلشویک‌ها را به "آنارشیسم و بلانکیسم و غیره" متهم می‌کردند، لنین یک بار دیگر این مسأله را برای "آنان که واقعاً می‌خواهند بیندیشند و بیاموزند" توضیح داد. لنین در متن

کوتاهی نظرات بسیار بدیعی را به‌صورت فشرده به‌گونه‌ای مطرح می‌کند که هر پیشقراول کارگری باید آن را از بر باشد. او می‌نویسد:

در نوشتن تزهایم، مواظب بودم و مطمئن شدم که مخالفت با پرش از مرحله‌ی فعلی جنبش دهقانی و همچنین مخالفت با پرش از جنبش کلی خرده‌بورژوازی به طور اعم کاملا بیان شده و اینکه تزها مخالف آن است که حکومت کارگران 'کسب قدرت' را سرسری بگیرد، یا به هرگونه ماجراجویی بلانکیستی متوسل شود. به همین دلیل مستقیماً به تجربه‌ی کمون پاریس اشاره کردم. و این تجربه، همان‌طور که مطلع هستیم، و مارکس جزئیات آن را در سال ۱۸۷۱ و انگلس در ۱۸۹۱ تشریح کرد، مطلقاً از بلانکیسم مبّرا بود و مطلقاً حکومت مستقیم و بلافصل، و بدون قید و شرط *اکثریت* و مشارکت عملی توده‌های مردم را تضمین کرد. البته، تا جایی که فعالیت *آگاهانه* و هشیارانه‌ی خودِ اکثریت می‌توانست پیش برود.

در تزها، من مسأله را بسیار ساده کردم: یعنی *مبارزه برای تحت تأثیر قراردادن* شوراهای نمایندگان کارگران، کارگران کشاورزی، سربازان و دهقانان. برای آنکه ذره‌ای از شک باقی نمانده باشد، دوبار در تزها بر ضرورت کار 'توضیح' صبورانه و پیگیرانه و 'منطبق بر *نیازهای عملی مردم*' تأکید کردم.

"افراد ناآگاه و یا مارکسیست‌های مرتد، نظیر آقای پلخانف، ممکن است فریاد وای آنارشیسم و وای بلانکیسم و غیره سردهند. اما، کسانی که می‌خواهند واقعاً فکر کنند و بیاموزند، ممکن نیست درک نکنند که

بلانکیسم یعنی کسب قدرت به‌دست یک اقلیت، حال آنکه شوراهای نمایندگان کارگران، کارگران کشاورزی، سربازان و دهقانان را همه قبول دارند که نمایندگان مستقیم و سازمان‌های متعلق به *اکثریت* مردم هستند. کاری را که به‌صورت مبارزه برای تحت تأثیر قرار دادن شوراها از *درون آن* تعریف شده است نمی‌توان، مطلقاً *نمی‌توان*، با باتلاق بلانکیسم مخلوط کرد. با باتلاق آنارشیسم هم نمی‌توان آن را درهم آمیخت. زیرا، آنارشیسم *لزوم و ضرورت وجود دولت و قدرت دولتی را در دوران گذار* از حکومت بورژوازی به حکومت پرولتاریا رد می‌کند. در حالی‌که من با دقتی که هرگونه سوءتفاهمی را مانع می‌شود، بر ضرورت وجود دولت در این دوره تأکید کرده‌ام. البته، منظور دولتی است بدون ارتش ثابت، بدون نیروی پلیسی که رو در روی مردم بایستد و بدون صاحب منصبانی که مافوق مردم بایستند (لنین، *مجموعه آثار*، جلد ۲۴، صص. ۴۸-۴۹).

لنین مجدداً به‌منظور توضیح اینکه "مارکسیسم چه تفاوت‌هایی با بلانکیسم" دارد ـ واضح است که از نظر او واقعاً لازم بود کارگرانِ پیشرو این مطلب را بفهمند تا در هر قدم مسیر کلی خود را بهتر تشخیص دهند ـ در ۲۶- ۲۷ سپتامبر ۱۹۱۷ نامه‌ای با این مضمون به کمیته‌ی مرکزی حزب نوشت:

قیام برای اینکه موفق شود، نباید بر پایه‌ی توطئه و یا بر پایه یک حزب، بلکه باید با تکیه بر طبقه‌ی پیشرو صورت پذیرد. این اولین نکته است. قیام باید بر پایه غلیان مردم انجام پذیرد. این دومین نکته است. قیام باید بر پایه‌ی آن *لحظه‌ی حیاتی* در مسیر تاریخی پخته

> شدن انقلاب صورت پذیرد، زمانی که فعالیت پیشقراولان مردم به اوج خود رسیده است، زمانی که *تزلزل* در میان صفوف دشمن و نیز *تزلزل در میان صفوف دوستان ضعیف و نیم‌بند و مردد انقلاب به اوج خود رسیده است*. این نکته‌ی سوم است. تفاوت مارکسیسم با بلانکیسم، به هنگام بررسی مسأله‌ی قیام، در چگونگی برخورد با این سه نکته نهفته است (لنین، *مجموعه آثار*، جلد ۲۶، صص. ۲۲-۲۳).

طبیعتاً، هنگامی که لنین، یا هر مارکسیست دیگری، درباره‌ی لزوم برخورداری حزب انقلابی از حمایت اکثریت مردم سخن می‌گوید، منظورش آن اکثریت واقعی‌یی است که علاوه بر صندوق رأی دولت بورژوایی، بیان احساساتشان از طرق دیگری نیز محرز است. لنین در آستانه‌ی انقلاب حمله‌ی بی‌امانی را علیه زینوویف و کامنف آغاز کرد. زیرا، این دو مخالف قیام بودند و از جمله دلایلی که مطرح می‌کردند این بود که "ما در میان مردم از حمایت اکثریت برخوردار نیستیم و به لحاظ فقدان چنان شرایطی امیدی به قیام نیست."

لنین در ۲۹-۳۰ اکتبر در "نامه‌ای به رفقا" نظرات نویسندگان آن جملات با لحن تحقیرآمیزی به‌عنوان کسانی که "یا مخدوش‌کنندگان حقیقت‌اند، یا عالم‌نماهایی هستند که به هر قیمتی شده و بدون توجه به شرایط واقعی انقلاب، خواستار تضمین قبلی هستند، یعنی اینکه بلشویک‌ها در سرتاسر کشور دقیقاً نصف به‌علاوه‌ی یکِ آراء را به‌دست آورده باشند،" رد کرد. با این همه او در عین حال با دقت زیاد کوشید تا ثابت کند که بلشویک‌ها بر مبنای "واقعیت‌ها" حایز اکثریت هستند: "انتخابات ۲۰ اوت در پتروگراد" . . . "انتخابات دومای منطقه‌ای مسکو در سپتامبر" . . . "انتخابات جدید شوراها" . . . "اکثریت شوراهای

دهقانان" که "مخالفت خود را با ائتلاف" ابراز کرده بودند . . . "*توده‌های* سربازان" . . . "و بالاخره . . . شورش دهقانان." او بحث خود را در این زمینه چنین خاتمه داد: "نه، اکنون شک کردن به اینکه اکثریت مردم از بلشویک‌ها پیروی می‌کنند و پیروی خواهند کرد، تزلزلی شرم‌آور است" (لنین، *مجموعه آثار*، جلد ۲۶، صص. ۱۹۶-۱۹۸).

لنین یک‌بار دیگر در نفی بلانکیسم در جدل علیه زینوویف و کامنف چنین نوشت :

> یک توطئه‌ی نظامی، *اگر* حزبِ طبقه‌ی مشخصی آن را سازمان نداده باشد؛ *اگر* سازماندهانش اوضاع کلی و مشخصاً اوضاع بین‌المللی را به‌حساب نیاورده باشند؛ *اگر* حزب مورد نظر از حمایت اکثریت مردم برخوردار نباشد و این‌ها همه به صورت واقعیت اثبات شده باشد . . . در این‌صورت بلانکیسم محسوب می شود. (لنین، *مجموعه آثار*، جلد ۲۶، ص. ۲۱۲).

در ۲۵-۲۷ سپتامبر لنین حزب بلشویک را به کسب قدرت فراخواند. در نامه‌ی معروفی که او خطاب به "کمیته مرکزیِ و کمیته‌های مسکو و پتروگراد حزب کارگرِ سوسیال دموکرات روسیه" نوشت، با منطق و صراحت کلامی که مختص اوست، مفروضات قضیه و نتایج حاصل را در جمله‌ی اول بیان کرد:

> بلشویک‌ها، که در شوراهای کارگران و سربازانِ هر دو شهر مرکزی اکثریت را به‌دست آورده‌اند، می‌توانند و باید قدرت را به‌دست گیرند.

او نگران کسب اکثریت به‌طور "رسمی" نبود؛ "هرگز یک انقلاب منتظر چنین چیزی نمی‌شود." اما او از کسب *اکثریت واقعی* اطمینان داشت. او تأکید کرد که "همین حالا؛" نه زودتر و نه دیرتر، باید قدرت تسخیر شود. زیرا:

> اکثریت مردم *با* ما هستند. این خود در راه طولانی و سخت طی شده از ۱۹مه تا ۱۲ اوت و ۲۵ سپتامبر به اثبات رسیده است: کسب اکثریت در شوراهای دو شهر مرکزی *نتیجه‌ی* پیشروی مردم *به سمت ماست*. تزلزل سوسیال ـ رولوسیونرها و منشویک‌ها و استحکام یافتن انترناسیونالیست‌ها در میان آنان نیز اثبات همین است (لنین، **مجموعه** *آثار*، جلد ۲۶، ص. ۱۹).

طی پیگرد قانونی ما در محاکمه‌ی مینیاپولیس، تلاش کردند تا بر طبق اتهامات وارده ما را به یک "توطئه‌ی واقعی برای سرنگونی دولت با زور و خشونت متهم کنند." ما با موفقیت این اتهام را رد کردیم و هیأت منصفه نیز این نکته از اتهامات را رد کرد. مهمترین عامل مؤثر در اینکه ما توانستیم این اتهام ابلهانه علیه حزب کوچک‌مان را رفع کنیم، تشریح مبنای دموکراتیک برنامه‌ی پرولتریمان بود و تعهد منتج از آن تا زمانی که در اقلیت است، "گردن نهادن به اراده‌ی اکثریت." در تشریح این، ما یک هدف قانونی را دنبال می‌کردیم. اما فقط مسایل قانونی در ذهن‌مان نبود. همانند کلیه‌ی قسمت‌های دفاعیات، آن را به‌گونه‌ای طراحی کرده بودیم که در وهله‌ی اول نظرات و اهدافمان را ساده کرده و تشریح کنیم و این کار برای اطلاع کارگرانی است که در آینده پرونده‌ی منتشرشده‌ی دادگاه را مطالعه خواهند کرد.

ما همچنین فکر کردیم بیان مجدد مواضع مارکسیستی در این رابطه برای اعضای خودمان نیز ضرری نخواهد داشت و حتی ممکن است بدان نیازمند باشیم. بحثی که متعاقباً درگرفته اثباتی است بر صحت این فرض آخر که ما در آن زمان آن را درک نکرده بودیم. سوسیالیسم یک جنبش دموکراتیک استِ و برنامه‌ی آن، برنامه‌ی حزب پیشقراول، فقط از طریق جلب حمایت اکثریت می‌تواند تحقق بیابد. وظیفه‌ی اساسی حزب، تا زمانی که هنوز در اقلیت است، "تبلیغ برای جلب نظر مساعد اکثریت" است. این بیان ، تسلیم شدن به تعصبات هیأت منصفه نیست، بلکه بیان فراگرفته‌ها از تعلیمات مارکس است، همان‌گونه که در نقل قول از منابع و مراجع نشان داده شد.

۶. مارکسیسم و جنگ

پافشاری ما در محاکمه بر اینکه فقط در صورت برخورداری از حمایت اکثریت است که وارد عمل خواهیم شد و نه ورای اراده‌ی آن‌ها، همچنین در خصوص جنگ نیز باعث انتقاد از ما شده است. اما، این انتقاد نیز مانند قبلی‌ها به همان میزان فاقد اعتبار است و به همان میزان حق متوسل شدن به لنین، به مثابه‌ی یک مرجع صلاحیت‌دار را ندارد.

رفیق میونیز جواب ما را به یک سؤال فرضی درباره‌ی اینکه در صورت بروز جنگ و چنانچه ایالات متحده وارد جنگ شود، نحوه‌ی برخورد ما چگونه خواهد بود، سخت مورد انتقاد قرار می‌دهد (این موضوع به زمانی مربوط می‌شود که هنوز اعلام جنگ نشده بود):

تصمیمی مبتنی بر رفتن به جنگ گرفته شده است و اکثریت مردم آن را پذیرفته‌اند. همرزمان ما باید از آن تبعیت کنند.

میونیز، با اعتراض به این گفته، شکاف میان درک او و ما را از سیاست‌های انقلابی افزایش می‌دهد. زیرا، این گفته از نظر ما به شکل واضحی صحیح و ضروری است. او می‌گوید:

در وهله‌ی اول، تصمیم شرکت درجنگ را "اکثریت مردم" نپذیرفته‌اند. از این اظهاریه می‌توان قویاً انتقاد کرد. اظهاریه‌ای که اگر یک فرد سانتریست آن را عنوان می‌کرد، او را سخت سرزنش می‌کردیم. به جای آنکه دولت را به این متهم کند که مردم را برخلاف نظر اکثریت به قتلگاه می‌برد و بجای اینکه دولت را مؤکداً در مقابل توده‌ی مردم متهم کند و نشان دهد که چگونه اکثریت مجالس مقننه علیه نظرگاه اکثریت مردم عمل می‌کند، کانن از تصمیم روزولت آن‌گونه حمایت می‌کند که گویا واقعاً مبتنی بر رأی اکثریت مردم است.

این لفاظی پرحرارت نه منطق دارد، نه بویی از لنینیسم برده است و نه بیانی از درک اظهاریه من است و نه درکی از پاسخ به آن. "اولاً،" من "بر تصمیم روزولت صحه *نگذاشتم* به‌نحوی که گویا بر خواسته‌های اکثریت مردم منطبق است." من گفتم، "این تصمیم را (فرضاً) اکثریت مردم *پذیرفته‌اند*." یعنی پذیرفتن تصمیمی که دیگران "اخذ کرده‌اند." زیرا واضح است وقتی کسی خودش تصمیمی گرفته باشد، دیگر "پذیرفتن" آن تصمیم مطرح نخواهد بود. اما،

این نکته‌ی کوچکی است که نشان می‌دهد متن دفاعیات سرسری خوانده شده و از آن سرسری انتقاد شده است.[۱]

در حقیقت امر، اکثریت واقعاً "تصمیم ورود به جنگ" را یا به صورت فعال ویا به شکل انفعالی *پذیرفته‌اند* و از آن *حمایت می‌کنند*. با توجه به فقدان هرگونه مخالفت وسیع مردم، این حقیقت را هیچکس نمی‌تواند به زیر سؤال ببرد. این نحوه‌ی برخورد اکثریت، همان چیزی است که ما مجبوریم با آن دست و پنجه نرم کنیم. این واقعیت که دیگران تصمیم گرفته‌اند به ما کمکی نمی‌کند. آنچه ما باید علیه‌اش دست و پنجه نرم کنیم، نحوه‌ی برخورد مردم با این تصمیم است.

ما به‌عنوان عده‌ای لنینیست چه می‌توانیم بکنیم و چه باید بکنیم در شرایطی که مردم چنین نگرشی دارند؟ ـ سؤال این است. به‌منظور روشن ساختن موضع‌مان، لازم است پاسخی را که ما در دفاعیات دادیم به‌طور کامل مطرح کنیم. میونیز آن را از وسط بریده است. او اظهاریه‌ی ما را با جمله‌ی "رفقای ما باید گردن نهند" ختم می‌کند. بدون اینکه جمله‌ی بعدی را، که توضیح می‌دهد منظور از "گردن نهادن" چیست، ذکر کند. جملاتی که این را توضیح می‌دهد بدین شرح است:

۱- میونیز بر مبنای همین روش سرسری خواندن دفاعیات، به راحتی به ما چنین نسبت می‌دهد: "درخواست اینکه مبارزانی که در ارتش دست به اعتراض می‌زنند از حزب اخراج شوند،" و نیز "منع تهییج و اعتراض در ارتش." برعکس، ما از حق این‌گونه تهییج واعتراضات حمایت کردیم و هر کسی که علاقمند باشد و متن دفاعیات را با عجله نخواند، بدین امر متقاعد خواهد شد. آنچه ما "منع کردیم" اعمال بی‌ثمر و خود-کشنده‌ی تمرد فردی و ایجاد مانع توسط حزب کوچک ماست. اعمالی که فقط منجر به انزوای چنین سربازانی از بقیه‌ی توده‌ی سربازها در شرایط کنونی می‌شود و عملی برخلاف هدف به‌دست آوردن حمایت اکثریت خواهد بود. این با "منع تهییج و اعتراض در ارتش" یکسان نیست.

> اگر مشمول هستند باید به همراه مابقی نسل خود به سربازی بروند و وظایف تحمیل شده را انجام دهند، *تا زمانی که اکثریت را برای پذیرش سیاست متفاوتی متقاعد کنند.*

وقتی نقل قول را در مکانش در متن قرار دهیم، با آنچه میونیز با عجله برایمان به تصویر کشیده است تفاوت پیدا می‌کند. این موضوع چیزی نیست مگر هشداری به فرد فرد کارگران پیشقراول، که ممکن است مشمول نظام وظیفه شوند، مبتنی بر اینکه "با سایر اعضای نسل‌شان همگام شوند" و انرژی و رزمندگی خود را در مقاومت فردی به هدر ندهند، یا در مقاومت علیه نظام‌وظیفه و غیره تلف نکنند. آیا این هشدار صحیح بود؟ و آیا لازم بود؟ درخصوص صحت هشدار، از دیدگاه لنینیسم، کافی است به دو نقل قول معتبر توجه کنیم. اولی نمونه‌ای است که از نوشته‌های لنین طی جنگ جهانی اول استخراج شده است:

> عقیده‌ی سرپیچی کردن از خدمت نظام‌وظیفه، و ضربه زدن به جنگ، و غیره، کار احمقانه‌ای بیش نیست. بلکه، رؤیای تأسف‌بار و بزدلانه‌ی جنگ غیرمسلحانه علیه بورژوازیِ مسلّح است. اشتیاقی است ضعیف برای ریشه‌کن کردن سرمایه‌داری، بدون دست زدن به یک یا چندین جنگ داخلی حاد (لنین، *مجموعه‌ی آثار*، جلد ۲۱، ص. ۴۰).

نقل قول دوم از تزهای بنیادین جنگ و *بین‌الملل چهارم* است:

> چنانچه پرولتاریا دریابد که ممانعت از بروز جنگ از طریق انقلاب ـ و این تنها راه ممانعت از بروز جنگ است ـ میسر نیست، در این‌صورت

کارگران به‌همراه بقیه مردم مجبور خواهند بود *به ارتش ملحق شوند و به جنگ بروند* (لئون تروتسکی، *نوشته‌ها، ۱۹۳۳-۱۹۳۴*، ص. ۴۴۲ [چاپ ۲۰۱۱]).

فرض بر این است که همه‌ی انقلابیون این حقیقت را می‌دانند. اما، این همیشه دانسته نبود. در طول جنگ جهانی اول بسیاری از بهترین رزمندگان پرولتری در ایالات متحده هیچ طریق دیگری برای مخالفت اصولی خود با جنگ امپریالیستی نمی‌شناختند، مگر مخالفت فردی با نظام‌وظیفه و سرپیچی از پیوستن به صفوف ارتش و غیره. انرژی ارزشمند و شهامت بسیاری در این راه به هدر رفت. هنگام دفاع از خود در مقابل دادگاه، ما مدنظر داشتیم که متن دفاعیات منتشر خواهد شد و احتمال دادیم متن دفاعیات را کارگران مبارز عادی، که با تاکتیک‌های لنین هنوز آشنا نیستند، بخوانند و اخطار ما بر آنان مؤثر واقع شود و همراه شدن با مردم را "بپذیرند" و در کنار مردم باشند "تا زمانی که اکثریت را به پذیرش سیاست متفاوتی متقاعد کنند." روی سخن ما اساساً با آنان بود.

آنچه از لنین آموختیم

ما هرگز در خواب هم ندیده‌ایم که "از تصمیم روزولت حمایت کنیم" یا مجبور شویم از این مواضع که جنبه‌ی الفبا دارند در داخل جنبش خودمان دفاع کنیم. ما صرفاً قصد داشتیم که با بیان و لحن خود، در شرایط حاضر و از نظر تبلیغاتی به بهترین نحو مؤثر، همان حرف‌هایی را بزنیم که لنین در فوریه ۱۹۱۵ مطرح کرد:

سوسیالیست‌های بلژیک باید چه می‌کردند؟ از آنجایی که نمی‌توانستند همراه با فرانسوی‌ها و غیره به یک انقلاب اجتماعی دست یابند، *مجبور بودند* در *حال حاضر به اراده‌ی اکثریت ملت گردن نهند* و به جنگ بروند و بگویند: "شهروندان بلژیک! . . . ما در اقلیت هستیم؛ *ما به اراده‌ی شما گردن می‌نهیم و به جنگ می‌رویم*، اما حتی در زمان جنگ نیز من تبلیغ خواهم کرد؛ ما برای جنگ داخلی پرولتاریای تمامی کشورها تدارک خواهیم دید، زیرا بجز آن هیچ راه نجاتی برای کارگران و دهقانان بلژیک و سایر کشورها وجود ندارد!" (لنین، *مجموعه آثار*، جلد ۲۱، ص. ۱۲۲؛ تأکید از ما.)

می‌بینید که لنین "به اراده‌ی اکثریت گردن می‌نهد." هنگامی که در اقلیت است، لنین چه می‌کند؟ او "تبلیغ می‌کند" و "تدارک می‌بیند." اگر از چنین سیاستی "بتوان شدیداً انتقاد کرد،" در این صورت بگذارید انتقادها متوجه لنین شود. او واضع این سیاست است و ما از او آموخته‌ایم.

میونیز جمله‌ای را از متن دفاعیات نقل می‌کند: "ما به مفهوم سیاسی از جنگ حمایت نمی‌کنیم." خوب، این جمله‌ی تنها، حتی جدا از سایر مطالب، کاملا صحیح است. اما، میونیز کاملا از آن ناراضی است.

او سؤال می‌کند: "پس چرا این‌گونه به شکل خطرناکی دو پهلو حرف می‌زند؟ من هیچ دلیلی نمی‌بینم، مگر دلیل تن در دادن به یک خطای بزرگ، یعنی صحبت کردن برای جلب نظر هیأت منصفه‌ی خرده‌بورژوا برای مقاصد بلافصل امروزی و در نظر نداشتن مبارزات آتی. آیا بهتر نبود که این‌گونه اظهار می‌داشتند: 'بورژوازی آمریکا، ما به جنگ تن در می‌دهیم، زیرا خشونت حاکم بر

جامعه‌ی شما آن را بر ما تحمیل می‌کند. *خشونت مادی تسلیحات شما* آن را بر ما تحمیل می‌کند. اما، مردم علیه شما *خواهند* شد. از امروز به بعد، حزب ما در *کنار* مردم به مبارزه‌ای آشتی‌ناپذیر علیه رژیم ستمگر، فلاکت‌بار و قصاب‌گونه‌ی شما دست خواهد زد. بنابراین، با *هرآنچه در دسترسمان باشد*، علیه جنگ شما خواهیم جنگید'." (تأکید از ما.)

این بیانِ تهییج کننده به‌عنوان جانشینی برای موضعی که ما هنگام محاکمه تشریح کردیم، از ابتدا تا انتها غلط است و ما این را نشان خواهیم داد.

دفاعیات توضیح می‌دهد که منظور ما از "مخالفت سیاسی" چیست:

ج: منظور این است که از جنگ امپریالیستی هیچ‌گونه حمایتی نمی‌کنیم، به نفع آن رأی نمی‌دهیم، به کسی که چنین جنگی را ترویج کند رأی نمی‌دهیم، در حمایت از آن سخن نمی‌گوییم، قلم خود را به‌نفع آن به‌کار نمی‌بریم. ما کلاً با آن در تقابل هستیم.

چنانچه حکومت ایالات متحده اعلام جنگ کند، موضع ما تغییر نخواهد کرد:

س: چنانچه آمریکا به عرصه‌ی تخاصم اروپا پا بگذارد، حزب مخالفت خود را علیه جنگ چگونه ابراز خواهد کرد؟

ج: ما موضع خود را حفظ خواهیم کرد.

س: و این موضع چیست؟

ج: یعنی اینکه حتی پس از اعلام جنگ نیز به یک حامی جنگ تبدیل نخواهیم شد. بدین معنی که در مورد مسأله‌ی جنگ، همانند سایر مسایل، به‌عنوان یک حزب مخالف باقی خواهیم ماند.

س: از جنگ پشتیبانی نخواهید کرد؟

ج: منظورم همین است. از نظر سیاسی از جنگ پشتیبانی نخواهیم کرد.

هنگام بازپرسی توسط دادستان، موضع خود را حتی دقیق‌تر و با تأکید بیشتری مطرح کردیم:

س: و شما در طول جنگ از شرایط جنگی استفاده خواهید کرد تا حکومت موجود را نابود سازید، آیا این کار را نخواهید کرد؟

ج: اینکه ما می‌خواهیم حکومت فعلی را تغییر دهیم، یک چیز سری نیست.

س: و شما به جنگ آتی چشم دوخته‌اید تا شرایط و زمان لازم برای تحقق آن فراهم شود. این‌طور نیست؟

ج: بله، من فکر می‌کنم که جنگ آتی بدون شک باعث تضعیف حکومت‌های امپریالیستی در کلیه‌ی کشورها خواهد شد.

س: فکر می‌کنم شما گفتید که از جنگ حمایت نمی‌کنید؟
شما اصلا به دفاع ملی معتقد نیستید. این‌طور نیست؟

ج: در کشورهای امپریالیستی، خیر.

س: من درباره‌ی این کشور از شما می‌پرسم.

ج: من به دفاع از این کشور به روش خودمان صد در صد موافقم. اما، هیچ اعتقادی به دفاع از حکومت‌های امپریالیست جهان ندارم ـ

Sign the Nominating Petitions for Shachtman and Paine!

Cast Your Vote For the Anti-War Candidates!

Socialist Appeal

Official Organ of the Socialist Workers Party, Section of the Fourth International

LET THE PEOPLE VOTE ON WAR

NEW YORK, FRIDAY OCTOBER 6, 1939

WAR ENTRY MOVES STEP NEARER AS "NEUTRALITY" DEBATE OPENS

An Anti-War Candidate Speaks

Aim Behind Embargo Repeal Is To Step Up Munitions Production to War-Time Speed

AFL AND CIO UNIONS JOIN FORCES AGAINST CUDAHY

Albert Goldman Begins Speaking Tour on War

WAR PROBLEMS RAISED AT A.L.P. MEETING

Election Drive Gets Off to Flying Start

Behind the Lines

"Let the People Vote on War!"--Rochester Labor

WAR--WHAT FOR? By James P. Cannon

The First of a Series of Friday Night Lectures

The Aftermath--- The Versailles Treaty

The Peace Which Prepared the New War

Friday, Oct. 6th 8:30 P.M. Irving Plaza (Irving Pl. & 15th St.) ADMISSION—25c

"ما از جنگ امپریالیستیِ هیچ‌گونه حمایتی نمی‌کنیم. به نفع آن رأی نمی‌دهیم. اعلام جنگ توسط ایالات متحده موضع ما را تغییر نخواهد داد."

- جیمز پی کانن

عکس بالا: نشریه *فراخوان سوسیالیستی*، اکتبر ۱۹۳۹، یک ماه بعد از اعلام جنگ جهانی دوم در اروپا. حزب کارگران سوسیالیست، هفته به هفته، علیه ورود واشنگتن به قتل‌عام امپریالیستی کمپین کرد.

س: من راجع به حکومت ایالات متحده به همان شکلی که اکنـون طبق قانون اساسی بر مسند قدرت نشسته است سخن می‌گـویم. شـما معتقد به دفاع از آن نیستید. آیا هستید؟

ج: نه به مفهوم سیاسی، خیر.

س: شما به هیچ مفهومی معتقد به دفاع از آن نیستید. آیا هستید؟

ج: من چند روز پیش توضیح دادم که اگر اکثریت مـردم دربـاره‌ی جنگ تصمیم بگیرند و در جنگ شرکت کنند، افراد مـا و کسـانی کـه نظرات آنان را قبول دارند نیز در جنگ شرکت خواهند کرد. مـا چـوب لای چرخ‌های جنگ نخواهیم گذاشت، جلـوی آن را نخـواهیم گرفـت، اما، عقایدمان را همچنان تبلیغ خواهیم کرد و خواهان پایـان جنـگ و تغییر حکومت خواهیم شد.

چه مطلب دیگری لازم است گفته شود؟

هنگامی که آقای شواین‌هات قضیه را تا به آخر دنبال کرد و پـاراگراف جمعبنـدی سـند *بیانیـه‌ی بـین‌الملـل چهـارم دربـاره‌ی جنـگ* را قرائـت کـرد، بـه او پاسـخ تأییدکننده‌ای درباره‌ی این سند داده شد بـه‌گونـه‌ای کـه کـاملا فاقـد "ابهـام" و "بی‌دقتی" بود:

س: بسیار خوب، نشریه *فراخوان سوسیالیستی* در ۲۹ ژوئـن ۱۹۴۰ چنین مطلبی را از *بیانیه‌ی بین‌الملل چهارم* گزارش کرد: 'به‌رغم وجود جنگ، ما وظایف اساسی خویش را پیش خواهیم بـرد: بـرای کـارگران تشریح خواهیم کرد که منافع آنان با منافع سرمایه‌داران خون‌آشـام در

تضاد است، زحمتکشان را علیه امپریالیسم بسیج خواهیم کرد، عقیده‌ی اتحاد کارگران کشورهای متخاصم و بی‌طرف را ترویج خواهیم کرد، اخوت و برابری را میان سربازان و کارگران در داخل هر کشور و در ورای مرزها و سنگرهای میادین جنگ ترویج خواهیم کرد، زنان و جوانان را علیه جنگ بسیج خواهیم کرد، شرایط لازم و ضروری برای ایجاد انقلاب را دائماً، پیگیرانه و به شکل خستگی‌ناپذیری در کارگاه‌ها، کارخانه‌ها، روستاها، سنگرها در خطوط جبهه و در ناوگان‌های جنگی ایجاد خواهیم کرد.[۱] شما می‌خواهید سربازان چنین کارهایی را انجام دهند، این‌طور نیست؟

ج: بله، فکر می‌کنم این جمعبندی عقاید ما باشد و می‌خواهیم که سربازان و سایرین چنین کاری را انجام دهند. این تنها راه پایان بخشیدن به کشت و کشتار است.

با توجه به این نقل قول‌ها از متن دفاعیات ثبت شده در دادگاه، هر کس حق دارد به‌طور منطقی سؤال کند: رفیق میونیز از ما چه می‌خواهد؟ چه چیز بیشتری در دادگاه سرمایه‌داری، یا در یک جلسه‌ی تبلیغاتی عمومی در هر جای دیگری، باید گفته شود؟ می‌توان بر مبنای نوشته‌های لنین و تروتسکی قضاوت کرد که هیچ‌کدام از آنها بیش از این از حزب توقع نمی‌داشتند.

تروتسکی، که تا اعماق قلبش انترناسیونالیست بود، توضیح داد یک حزب سوسیالیست که در آستانه‌ی آغاز جنگ جهانی اول در اقلیت بود، وظیفه داشت و *فقط می‌توانست* موضع *مخالفت سیاسی* را اتخاذ کند تا زمانی که "تغییر در احساس زحمتکشان پدیدار شود." این طریقی است که او در کتاب جنگ و

بین‌الملل تشریح کرده است. این کتاب، که در دوران جنگ جهانی اول نوشته شده است، در ایالات متحده با عنوان انتخاب شده توسط ناشر، *بلشویکی و صلح جهانی*، چاپ شد. و یکی از کارهای کلاسیکی است که جنبش ما برمبنای آن پرورش یافته و تعلیم دیده است. تروتسکی می‌نویسد:

> گارد پیشقراول سوسیال دموکراسی احساس می‌کند که در اقلیت قرار دارد. سازمان‌هایش را درهم شکسته‌اند تا ارتش را سازماندهی کنند. در چنین شرایطی نمی‌توان از حزب توقع داشت که به فکر حرکت انقلابی باشد. و همه‌ی این‌ها کاملا مستقل از آن است که آیا مردم با نظر مساعدی به جنگ می‌نگرند یا با نظری نامساعد. به‌رغم استعماری بودن جنگ روسیه و ژاپن، و عدم محبوبیتش در میان مردم، با این حال این جنگ در نیمه‌ی سال اولش توانست جنبش انقلابی را خفه کند. نتیجتاً، کاملا واضح است که اگر بهترین نیات جهان را هم داشته باشیم، با این حال احزاب سوسیالیست اکنون که سوسیالیسم بیش از هر زمان دیگری در انزوا به سر می‌برد، نمی‌توانند برای دست زدن به فعالیت‌های بازدارنده‌ی جنگ، خود را متعهد کنند.

و بنابراین در این واقعیت که احزاب کارگری اعضایشان را برای مخالفت با بسیج نظامی فرانخواندند، غیرمترقبه و یا مأیوس‌کننده نیست. اگر سوسیالیست‌ها مخالفت خود را با جنگ حتی در حد رأی اعتماد ندادن به حکومت‌ها و نیز رأی ندادن به اعتبارات مالی برای جنگ محدود می‌کردند، دِین خود را در آن زمان ادا کرده بودند. آنان بدین ترتیب موضع انتظار کشیدن و صبر کردن را اتخاذ می‌کردند و

چنین رفتار اعتراض‌آمیزی هم برای حکومت کاملا روشن می‌بود و هم برای مردم. هر گونه اقدامی فراتر از این، منوط می‌شد به آنچه در شرف وقوع بود و نیز به تغییراتی که جنگ باید در آگاهی مردم ایجاد می‌کرد. بدین ترتیب ریسمانی که بین‌الملل را یکپارچه نگه می‌دارد دست نخورده باقی می‌ماند و پرچم بین‌الملل لکه‌دار نمی‌شد. گرچه در آن مقطع سوسیال دموکراسی ضعیف می‌شد، اما، دستانش باز بود برای آنکه به محض دگرگونی احساسات توده‌های زحمتکش بتواند دخالت لازم را انجام دهد (*بلشویکی و صلح جهان*، ص. ۱۷۵-۱۷۷).

مخالفت سیاسی و تبلیغ

تروتسکی همان عقیده را بیست سال بعد در سال ۱۹۳۷ در مقابل هیأت دویی[۱] تشریح کرد. او در اینجا نیز "مخالفت سیاسی" را به‌عنوان مشی انقلابی مطرح می‌کند. در آن زمان فرانسه با شوروی پیمان نظامی بسته بود و استولبرگ[۲] یک سؤال فرضی از تروتسکی کرد:

شما یک شخصیت مسئول انقلابی هستید. روسیه و فرانسه پیش از این پیمان نظامی بسته‌اند. فرض کنید یک جنگ بین‌المللی آغاز شود . . . شما در خصوص دفاع از شوروی به طبقه‌ی کارگر فرانسه چه

۱- John Dewey فیلسوف پراگماتیست (تجربه‌گرای) آمریکایی بود که در سال ۱۹۳۷در رأس یک هیأت مستقل بین‌المللی اتهامات استالین به تروتسکی مبتنی بر اقدام تروریستی تروتسکی علیه استالین را بررسی و پس از تحقیقات و برگزاری جلسات طولانی سؤال و جواب از تروتسکی، وی را بی‌گناه اعلام کرد.م.

2- Stolberg

خواهید گفت؟ آیا خواهید گفت "حکومت بورژوازی فرانسه را تغییر دهید؟"

پاسخ تروتسکی برای ما بسیار جالب است، زیرا امروزه ایالات متحده همان موقعیتی را با شوروی داراست که فرانسه در سال ۱۹۳۷ با شوروی داشت و اکنون جنگ فرضی به یک واقعیت تبدیل شده است:

در تزهای 'جنگ و بین‌الملل چهارم' بدین سؤال کم و بیش پاسخ داده شده است. بدین مفهوم: من در فرانسه به‌عنوان مخالف حکومت باقی می‌مانم و به‌طور نظام‌مندی این مخالفت را گسترش می‌دهم. در آلمان هر آنچه از دستم بر می‌آید انجام می‌دهم تا دستگاه جنگ را سابوتاژ کنم. این‌ها دو مطلب متفاوت‌اند. در آلمان و ژاپن من از روش‌های نظامی استفاده می‌کنم و تا جایی‌که بتوانم، برعلیه دستگاه، دستگاه نظامی ژاپن، می‌جنگم، سابوتاژ می‌کنم و صدمه می‌زنم. در آلمان و ژاپن در آن دستگاه نظامی اخلال ایجاد می‌کنم. در فرانسه، موضوع مخالفت سیاسی با بورژوازی و تدارک برای انقلاب پرولتری مطرح است. هر دوی این‌ها روش‌های انقلابی هستند. اما، در آلمان و ژاپن هدف بلافصل من از هم پاشاندن کل ماشین جنگ است. در فرانسه هدف من انقلاب پرولتری است (*پرونده لئون تروتسکی*، صص. ۴۰۹-۴۱۰ [چاپ ۲۰۱۰]).

در "تزهای آوریل،" که سند برنامه‌ی مبارزات انقلابی بلشویک‌ها در شرایط جنگ در روسیه بود، و بدین خاطر سند بسیار بااعتباری است، لنین در خصوص

موضوع جنگ فقط کافی دید که بگوید: "نباید به‌هیچ‌وجه در مقابل 'دفاع انقلابی' تسلیم شویم؛" "به‌هیچ‌وجه نباید از حکومت موقت حمایت شود" زیرا "حکومت سرمایه‌داران است؛" قدرت باید به شوراها منتقل شود؛ و سپس می‌افزاید:

> با توجه به صداقت بدون شبهه‌ی توده‌های عادی مردم که معتقد به دفاع انقلابی هستند و جنگ را فقط به‌عنوان یک ضرورت می‌بینند و نه به‌عنوان وسیله‌ای برای کشورگشایی و با توجه به اینکه آنان از بورژوازی فریب خورده‌اند، لازم است که اشتباهشان را به طور کامل، پیگیرانه و صبورانه برایشان توضیح دهیم (لنین، *مجموعه آثار*، جلد ۲۴، ص. ۲۱-۲۲).

مخالفت سیاسی ("عدم هرگونه حمایتی از حکومت موقت") و *تبلیغات* ("توضیح صبورانه") ـ این‌ها اسلحه‌هایی هستند که لنین و تروتسکی برای تدارک به‌کار گرفتند و نهایتاً انقلاب پرولتری را تحقق بخشیدند. این‌ها برای ما نیز کفایت خواهند کرد. توضیحات تبلیغاتی درباره‌ی سیاست ما در دادگاه مینیاپولیس نه "فرصت‌طلبانه است" و نه "دوپهلو." آن توضیحات تبلیغاتی جوهر درس‌ها و تجربیات لنین و تروتسکی را در بر می‌گیرند.

حال آنکه فرمول‌های انتخابی رفیق میونیز، یکی پس از دیگری، با اشتباه همراه است. طبق نظر میونیز ما باید می‌گفتیم :

> ای بورژوازی آمریکا، ما به جنگ تن در می‌دهیم زیرا خشونت حاکم بر جامعه‌ی شما آن را بر ما تحمیل می‌کند. خشونت مادی تسلیحات شما آن را بر ما تحمیل می‌کند.

این صحیح نیست. اگر چنین بود، ما حق نداشتیم فعالیت‌های مبتنی بر مقاومت فردی را محکوم کنیم. هنگامی که کارگران مبارز به‌خاطر نظرات و فعالیت‌های سوسیالیستی به اردوگاه‌های اجباری و زندان‌های فاشیستی فرستاده می‌شوند، بدین‌ترتیب آنان گردن می‌نهند، و آن هم فقط از روی اجبار، به "خشونت مادی اسلحه‌ها" گردن می‌نهند. نتیجتاً، افراد یا گروه‌های کوچک را تشویق و کمک می‌کنیم تا هر جا شرایط مناسب پدید می آید، بدون اینکه منتظر دیگران شوند و حتی بدون مشاوره با اکثریت زندانیان، در خصوص فعالیت مورد نظر خود، از زندان فرار کنند. جنبش انقلابی از قِبَل چنین "ترک خدمت‌های" فردی منتفع می‌شود. زیرا امکان لازم را برای دوباره مؤثر واقع شدن فرد زندانی در انقلاب فراهم می‌آورد، تأثیری که عمدتاً در زندان قطع می‌شود. برای مثال، تروتسکی دو بار از سیبری "از خدمت فرار" کرد، بدون اینکه کوچک‌ترین انتقادی از جانب انقلابیون متوجه او باشد.

خدمت اجباری نظام‌وظیفه در زمان جنگ، مطلب کاملا متفاوتی است. در این حالت ما اساساً به نظرات *اکثریت کارگران*، که فعالانه یا به‌صورت انفعالی جنگ را پذیرفته‌اند یا از آن حمایت می‌کنند، گردن می‌نهیم. از آنجایی که ما نمی‌توانیم بدون کمک اکثریت به اهداف سوسیالیستی خود دست یابیم، بنابراین باید با آنان همراه شویم، در سختی‌ها و مخاطرات با آنان شریک شویم و از طریق تبلیغات و بر مبنای تجارب مشترک، آنان را به‌سوی نظرات خود جلب کنیم. در چنین شرایطی، پذیرش خدمت نظام‌وظیفه یک ضرورت انقلابی است. در این حالت، مقاومت فردی، اعتراض، فرار از خدمت نظام‌وظیفه و غیره ـ که مستقیماً با فرار زندانیان از "خشونت اسلحه‌ها" در تقابل است ـ ترک خدمت از وظایف طبقاتی محسوب می‌شود. حزبی که به فرار از زندان کمک و چنین اقدامی را تشویق

می‌کند، در عین حال آن‌هایی را که از خدمت نظام‌وظیفه سر باز می‌زنند و یا از خدمت فرار می‌کنند، محکوم می‌کند. کسی که از زندان فرار می‌کند، خود را برای پرداختن دوباره به کار انقلابی آزاد می‌سازد. فردی که در ارتش از خدمت فرار می‌کند، خود را از توده‌هایی که باید انقلاب را به ثمر برسانند جدا می‌سازد و بدین‌ترتیب بی‌ارزش می‌شود.

میونیز به ما امر می‌کند که بگوییم: "از امروز به بعد، حزب ما در کنار مردم به مبارزه‌ای آشتی‌ناپذیر علیه رژیم ستمگر، فلاکت‌بار و قصاب‌گونه‌ی شما دست خواهد زد. بنابراین، با هرآنچه در دسترسمان باشد، علیه جنگ شما خواهیم جنگید."

در اینجا رژیم بورژوازی به شکل صحیح‌اش توصیف شده است. مابقی آن غلط و متناقض است؛ در چگونگی تکامل نحوه‌ی برخورد مردم با جنگ "یک مرحله را نادیده می‌گیرد،" و نقطه‌ی شروع ما برای تبلیغات باید همان مرحله‌ی نادیده گرفته شده باشد ـ *مرحله‌ی کنونی*. وقتی به بورژوازی می‌گوییم "توده‌ها در آینده علیه شما *خواهند* شد،" یعنی اینکه هنوز این کار را نکرده‌اند. پس، از نظر منطقی، پافشاری بر این که "از *امروز* به بعد، حزب ما در مبارزه‌ای آشتی‌ناپذیر *همراه مردم* است و غیره" غلط است.

امروزه توده‌های مردم، با عنایت به انواع فشارها و نیرنگ‌ها و نقش خائنانه‌ی بوروکراسی کارگری و سوسیالیست‌ها و استالینیست‌های مرتد، جنگ را پذیرفته‌اند و از آن حمایت می‌کنند. یعنی در عمل *همراه بورژوازی* هستند و نه با ما. مسأله‌ای که حزب ما با آن روبرست، اولاً درک این واقعیت اساسی است. ثانیاً اخذ موضع "*مخالفت سیاسی*" و بعد بر این مبنا تلاش برای نزدیک شدن به کارگرانی که صادقانه میهن‌پرست هستند و جلب نظر آنان از طریق *تبلیغ* در

جهت دور شدن از بورژوازی و روآوردن به ما اساسی است. در حال حاضر این تنها "عملی" است که برای ما، به‌عنوان یک اقلیت کوچک، میسر است.

این گفته که "ما با *تمام* امکانات علیه جنگ شما مبارزه خواهیم کرد" نیز اشتباه است. ما مادام که در اقلیت هستیم فقط با کاربرد سلاح‌های مارکسیستی نظیر مخالفت سیاسی و انتقاد و تبلیغ برای یک پروگرام کارگری و یک حکومت کارگری به مبارزه ادامه خواهیم داد. ما "روش" پاسیفیست‌ها یعنی بی‌طرفی را رد می‌کنیم، همین‌طور "روش" آنارشیست‌ها را که تخریب فردی است و "روش" بلانکیست‌ها را که مبتنی است بر قیام اقلیت، یعنی پوتچ.

چنین به‌نظر می‌رسد که توضیحات غلط میونیز درباره‌ی اینکه چرا یک حزب انقلابی وقتی اقلیت است به جنگ "گردن می‌نهد" و گرایش او به سمت جهش از یک مرحله از تحول کارگران و عدم دقت او در زمینه‌ی مبارزه علیه جنگ "با تمام امکانات،" مجموع این اشتباهات او را به جایی می‌کشاند که خود او نیز فرمول‌های مشابه و فکرنشده‌ای را در مقایسه با آن دسته از روش‌های مبارزاتی که برای یک حزب اقلیت و مدافع سوسیالیسم انقلابی قابل دسترس‌تر و ارجح‌تر هستند مطرح می‌کند.

حرف‌های پایان‌ناپذیر درباره‌ی "عمل،" چنان که گویی یک حزب اقلیت علاوه بر تبلیغات، یعنی "توضیحاتش،" تسلیحات دیگری در اختیار دارد؛ تسلیحاتی که به طور مبهم "عمل" نامیده می‌شوند ولی دقیقاً تعریف نمی‌شوند. این فقط می‌تواند به گیجی و کدر شدن مسأله بیانجامد و راه را برای احساساتی باز کند که طبیعتی آنارشیستی و بلانکیستی دارند . ما، با پیروی از استادان مارکسیست خود، لازم دانستیم هر نوعی از این ادراکات را کنار بگذاریم تا از حزب در مقابل خطر محکوم شدن به بی‌ثمری و نابودی حفاظت کنیم تا حزب ما بتواند در

شرایط کنونی وظیفه‌ی اصلی خود را شروع کند: توضیح به توده‌های مردم و جلب نظر مساعد اکثریت.

۷. مارکسیسم و تخریب

به همین خاطر است که ما از تریبون محاکمه استفاده کردیم تا صراحتاً درباره‌ی نفی خرابکاری از جانب خود سخن بگوییم. به همین خاطر است که ما کلیه‌ی اتهامات وارده در مورد تخریب را قاطعانه رد کردیم. البته ـ با اجازه‌ی میونیز ـ نه به‌خاطر نداشتن "شجاعت،" بلکه ما به‌عنوان یک مارکسیست با تخریب، تروریسم یا هر وسیله‌ی دیگری که بخواهد عمل فردی یا عمل یک گروه کوچک را جایگزین عمل توده‌های مردم کند مخالفیم.

در این مورد نمی‌تواند دو موضع وجود داشته باشد. کلیه‌ی مراجع معتبر مارکسیست نظر جهانشمولی در این مورد دارند و آن مخالفت با خرابکاری به‌عنوان یک وسیله‌ی مستقلِ مبارزه‌ی انقلابی است. این "سلاح" به زرادخانه‌ی آنارشیسم تعلق دارد.

زمانی تخریب در این کشور مُد روز بود؛ دوران بدویِ سیاسی قبل از جنگ جهانی اول. این روش از فرانسه وارد شده بود. در آنجا آنارشیست‌ها و سندیکالیست‌های آنارشیست این روش را به‌عنوان علاج معجزه‌گر تبلیغ می‌کردند. سازمان کارگران صنعتی جهان و جناح چپ سوسیالیست‌ها و روشنفکرهای رادیکال این روش را برگزیدند. در آن دوران این جماعت قطعاً رنگ و بوی آنارشیستی داشتند. برای جنبشی که به دلیل کار کسل‌کننده‌اش در تعلیم و سازماندهی کارگران در فعالیت‌های جمعی چندان موفق نبود، برای مدتی

چنین به‌نظر می‌رسید که تخریب میان‌بُر خوبی برای دست یازیدن به پیروزی است.

نتایج بی‌شعوری‌های آنارشیستی برای سازمان کارگران صنعتی جهان فاجعه‌آمیز بود. ترویج تخریب تنها به پراکنده شدن توده‌های کارگران انجامید و اعضای سازمان کارگران صنعتی جهان را در شرایطی قرار داد که از نظر قانونی غیرقابل دفاع بودند. این سازمان به‌منظور ممانعت از روبرگرداندن کارگران و صرفاً برای حفظ خود در طول جنگ جهانی اول، هنگامی که پای میز محاکمه کشیده شد، بالاجبار "سلاح" تخریب را با تعجیل ناشایستی کنار گذاشت.

آنان که خاطره‌ی این تجربه‌ی تلخ را به یاد دارند و به‌خصوص آنان که به‌عنوان اعضای جنبش سندیکالیستی آمریکا، انگشتانشان را با این ماشه‌ی داغ سوزانده‌اند، هیچ‌گونه تمایلی به بازی با عقیده‌ی تخریب از خود نشان نخواهند داد. تخریب، شعارِ قدرت و اعتماد به نفس کارگری نیست، بلکه بیانی از پوچی و ناامیدی خرده‌بورژوازی است.

تزهای بنیادین جنگ و *بین‌الملل چهارم* به صراحت اعلام می‌دارد :

> شعارهای فردی و آنارشیستی نظیر شرکت نکردن در خدمت نظام‌وظیفه، مقاومت انفعالی، فرار از خدمت نظام‌وظیفه و تخریب، با روش‌های انقلاب پرولتری در *تضاد اساسی* است (تروتسکی، *نوشته‌ها، ۱۹۳۳ - ۱۹۳۴*، ص.۴۴۲؛ تأکید از ما است).

لنین می‌نویسد :

> نه *خرابکاری* در جنگ و نه کارهای غیرمنظم فردی در این راستا، بلکه *تبلیغ در ابعاد وسیعی* که جنگ را به جنگ داخلی متحول سازد (آن هم نه فقط تبلیغ در میان 'غیرنظامیان'). . . . *ما علیه جنگ خرابکاری نمی‌کنیم*، بلکه علیه شوونیسم مبارزه می‌کنیم . . . (لنین، مجموعه *آثار*، جلد ۳۵، صص. ۱۶۲-۱۶۳، تأکید از ما است).

میونیز به‌طور اخص از اینکه ما در دفاعیات خود خرابکاری را رد کردیم برآشفته است. اما، انتقاد او اشتباه است. حتی به‌نظر می‌رسد که درک او از این مسأله هم غلط باشد:

او می‌گوید: "متهمان خود را در موقعیتی یافتند که مجبور بودند خرابکاری را در کل به‌نحوی محکوم کنند که گویا عمل جنایت‌باری است."

در جای دیگر می‌گوید:

> لحظاتی پیش می‌آید که نشان می‌دهد متهمین واقعاً تخریب را نوعی جنایت به حساب می‌آورند. اگر من اشتباه نکرده باشم - و امیدوارم که اشتباه کرده باشم - این کار نوعی زمینه‌چینی اخلاقی خطرناک است.

ما به این جملات فقط می‌توانیم یک جمله فرانسوی را بیفزاییم: "از جنایت هم بدتر، اشتباهی فاحش است." اما در رابطه با جنبه‌ی "اخلاقی" قضیه باید گفت، چنین چیزی اصلا برای ما وجود خارجی ندارد. در این خصوص، فقط و فقط مسایل سیاسی برای ما مطرح است.

البته، اگر کسی بخواهد از دقت تعاریف صرف‌نظر کند و همه چیز را به‌طور سرسری در خمره‌ای به نام "عمل" در هم بیامیزد و تناسب بین بزرگ و کوچک

را هم کنار بگذارد، به شرایط موجود هم کاری نداشته باشد و تفاوت میان فعالیت‌های *اساسی* و عمده با فعالیت‌هایی *فرعی* و *جانبی* را نیز نادیده بگیرد، در این‌صورت بدون نتیجه‌گیری در یک دایره‌ی بسته چرخ خواهیم زد. اما، مارکسیسم از بی‌دقتی در بیان منزجر است و همه چیز را همان‌طور که هست بیان می‌کند ـ صحیح و دقیق.

خرابکاری، از نظر ما، یعنی اینکه فعالیت‌های منفرد، به‌منظور ایجاد مانع و تخریب، جایگزین عمل فراگیر مردم شود. مارکسیسم مسأله را این‌گونه تعریف و به همین دلیل آن را محکوم می‌کند. به تروریسم فردی نیز به همین دید می‌نگرد. اما، لازم است درک کنیم که چنین فعالیت‌هایی وقتی به‌عنوان *جایگزینی* برای عمل فراگیر توده‌های مردم به‌کار برده می‌شوند دارای یک کیفیت هستند و هنگامی که تابع عمل توده‌های مردم و توسط آن به‌کار برده می‌شوند کیفیتی دیگر دارند. برای مثال، مارکسیسم با قتل‌های تروریستی مخالف است، اما با جنگ‌های آزادیبخش مردمان ستمدیده مخالف نیست، گر چه در جنگ عده‌ای از افراد نفرت‌انگیز کشته هم می‌شوند. به همین ترتیب در مورد ایجاد مانع و تخریب، هنگامی که به‌عنوان جزیی از جنگ توده‌های مردم و *تابع* آن باشد، در مقایسه با زمانی که به‌عنوان جایگزین آن به‌کار رود، همین نظر را دارد. در آن حالت "تروریسم" و "خرابکاری" مفهوم دیگری می‌یابد. برمبنای آنکه چه چیزی *مسلط* باشد و چه چیزی *تابع*، همه‌ی مفاهیم فرق خواهد کرد و از جمله اینکه نحوه‌ی برخورد مارکسیست‌ها با قضیه هم متفاوت خواهد بود.

بنابراین، چنانچه کسی بخواهد این بحث را مطرح کند که تروتسکی در پاسخ به استولبرگ درخواست کرد در کار ماشین نظامی آلمان و ژاپن اخلال شود، باید در پاسخ گفت این پیشنهاد فقط برای زمانی مطرح شد که جنگی علیه شوروی

راه افتاده باشد. در این‌صورت، خرابکاری در آلمان و ژاپن عمل انقلابی منزوی محسوب نمی‌شود. بلکه، یک اقدام نظامی ثانوی شمرده می‌شود که در حمایت از عمل فراگیر مردمی ارتش سرخ انجام می‌گیرد. تروتسکی هرگز پیشنهاد نکرد که خرابکاری به‌عنوان وسیله‌ای برای سرنگونی فاشیسم، یا هر نوع دیگری از حکومت سرمایه‌داری، از درون آن به‌کار گرفته شود.

به‌نظر می‌رسد رفیق میونیز در نفس خرابکاری حسنی می‌بیند. حال آنکه ما "خرابکاری" را فقط به‌عنوان یک عامل جزئی در عمل فراگیر توده‌ی مردم تأکید می‌کنیم. یعنی زمانی که به‌مفهوم واقعی کلمه دیگر خرابکاری محسوب نمی‌شود. این تفاوتی بنیادی است.

میونیز می‌نویسد: "من معتقدم خرابکاری روشی برای کاربرد تاکتیکی است که استفاده از آن در *برخی اوقات* نتایجی به‌بار می‌آورد که عکس نیات استفاده کنندگان است." (تأکید از ما است).

این وارونه جلوه دادن مسأله است. خرابکاری فقط هر از گاهی "نتایج عکس" پدید نمی‌آورد، بلکه هر وقت به‌عنوان جایگزین حرکت توده‌های مردم به‌کار رود، نتیجه‌ی معکوس به‌بار می‌آورد و همانند همه‌ی روش‌های آنارشیستی باعث از هم پاشیدگی و دلسردی جنبش مردم می‌شود. حال آنکه جنبش مردم تنها راه تحقق سوسیالیسم از راه انقلاب پرولتری است. فرمول‌بندی میونیز، در مقایسه با فرمول‌بندی تروتسکی در مقاله‌ی "فکر کردن را یاد بگیرید" معرف تفاوت بزرگی در اندیشه‌شان است. تروتسکی می‌نویسد:

> حزب پرولتری برای شکست حاکمین کشور خودش به روش‌های ساختگی نظیر به آتش کشیدن انبار، بمب‌گذاری، تخریب راه‌آهن و

غیره متوسل نمی‌شود. حتی اگر در این راه موفق هم شود ، شکست نظامی به‌هیچوجه به پیروزی انقلابی منجر نمی‌شود ، زیرا فقط جنبش مستقل پرولتاریا می‌تواند این پیروزی را تضمین کند. . . .

البته، هنگامی که مبارزه وارد مرحله‌ی عریان انقلابی می‌شود، روش‌های مبارزه تغییر می‌یابد. جنگ داخلی یک جنگ است و از این زاویه دارای قوانین خاص خودش است. در جنگ داخلی، بمباران انبارها، تخریب راه‌آهن و کلیه‌ی شکل‌های دیگر "خرابکاریِ" نظامی غیر قابل اجتناب است، بجا بودن یا نبودن این‌گونه کارها صرفاً بر مبنای محاسبات نظامی ارزیابی می‌شود. جنگ داخلی ادامه‌دهنده‌ی سیاست انقلابی است، اما به روش‌های دیگر، دقیقاً به روش نظامی. (تروتسکی، *نوشته‌ها، ۱۹۳۷ - ۱۹۳۸*، ص. ۴۳۸ [چاپ ۲۰۱۲]).

در جنبش کارگری، خرابکاری فقط هنگامی به‌عنوان یک سلاح به‌کار می‌آید که شرایط تشریح شده در "نقل قول" پیش‌گفته دقیقاً پدید آمده باشد. در آن زمان است که، به‌معنای دقیق کلمه، دیگر نمی‌توانیم آن را خرابکاری بنامیم. بلکه، عمل نظامی کوچکی در کمک به حرکت توده‌های مردم است. هر کس که راجع به خرابکاری در چارچوب دیگری سخن بگوید، کلامش با مارکسیسم بیگانه است.

۸. فرمول‌های تدافعی و انقلاب پرولتری

به‌طور کل، شاید بتوان گفت که منشأ کلیه‌ی انتقادات از بیان مطالب عنوان شده در دادگاه فدرال مینیاپولیس، ظاهراً دست رد زدن به سینه‌ی فرمول‌های تدافعی و در مقابلش طرح "عمل تهاجمی" است. اما، جوهر مسئله در این است که

فرمول‌های تدافعی شرایط را فراهم می‌آورد و کمک می‌کند تا عمل مردمی اصیل بوجود آید. حال آنکه "فراخوان برای عمل" اگر بدین ترتیب تدارک دیده نشده باشد، چیزی نخواهد بود، مگر انعکاس صدا در خلاء.

تصادفی نیست که آن دسته از انقلابیونی که این را درک می‌کنند دقیقاً همان‌هایی هستند که نشان داده‌اند ظرفیت لازم برای سازماندهی عمل را چنانچه شرایط مهیا باشد دارند. در این ضمن، فرقه‌گرایان ماورای چپ همواره تنها و منزوی باقی می‌مانند. تک و تنها به همراه شعارهای بی‌صبرانه و سخت چسبیدن به خودباوری‌هایشان . زیرا، بهترین مکانیسم سازماندهی و دست به عمل زدن را بلد نیستند، دقیقاً اینکه فرمول‌های تدافعی را بلد نیستند.

منتقدین ما، برای تشریح علت توسل جستن ما به فرمول‌های تدافعی در دادگاه، یک تئوری بافته‌اند و مدعی‌اند که دلیل آن تلاش ما برای سبک کردن میزان محکومیت‌مان بوده است. "رفقای ما . . . تلاش دارند اثر شرافتمندانه‌ای بر هیأت منصفه از خود باقی بگذارند، بدون اینکه در نظر داشته باشند باید روی صحبت‌شان به سمت توده‌های مردم باشد." به‌نظر می‌رسد "که ما برای توده‌های مردم یک سیاست داریم و در هنگام حضور در محضر قاضی بورژوا سیاست دیگری."

اما، این‌گونه جمعبندی از انگیزه‌های متهمین، که با تملق‌گویی خیلی فاصله دارد، تا حدودی با تناقض روبرو می‌شود. زیرا، در واقع ما بلافاصله متن دفاعیات را در مطبوعات خود منتشر و سپس آن را به صورت یک جزوه در هزاران نسخه "برای توده‌های مردم" چاپ کردیم. ما هیچ‌کس را از حق ابراز عقیده درباره‌ی اخلاق حاکم بر رفتار ما در محاکمه محروم نمی‌کنیم. حتی در این زمینه با کسی جدل هم نخواهیم کرد. در این وادی، "عمل تعیین کننده است نه حرف." اما،

تلاش خواهیم کرد تا از نظر سیاسی مسایل را بشکافیم و با اتکاء بر مراجع صاحب‌نظر مارکسیسم به تشریح نقش فرمول‌های تدافعی در سازماندهی حرکت توده‌های پرولتاریا بپردازیم.

فرمول‌های تدافعی، همچنین واسطه‌ای حیاتی برای تعلیم توده‌های مردم است. آنان را نمی‌توان با تئوری متقاعد کرد. بلکه، تجربه‌ی خودشان و تبلیغات مرتبط با آن تجربیات است که مردم را متقاعد خواهد کرد. این تجربیات مردم اساساً در چارچوب عملِ تدافعی شکل می‌گیرد. به همین دلیل است که فرمول‌های تدافعی برایشان بسیار قابل درک و بهترین نوع ارتباط مارکسیست‌های انقلابی با مردم است. آخرین نکته اینکه در یک کشور بورژوا - دموکراتیک فرمول‌های تدافعی از دیدگاه قانونی ابزار بسیار ارزشمندی است که دشمن طبقاتی را تا حدودی خلع سلاح می‌کند و یا در هر صورت باعث می‌شود دشمن بهای گزافی برای حملات خود بپردازد. چرا باید از چنین امتیازی صرف‌نظر شود؟

فرمول‌های تدافعی در تمامی حرکت‌های توده‌های مردم بسیار کارآمد هستند، خواه در ساده‌ترین اعتصابات اقتصادی باشد، یا مبارزه‌ی آشکار مردم برای تسخیر قدرت. آنان که شور و شوق سازماندهی حرکت‌های مردم را در سر دارند، باید به این آگاه باشند.

اعتصابات اقتصادی در آمریکا در حد قابل انفجاری با خشونت همراه بوده است و کاربرد خشونت تنها به یک طرف محدود نشده است. رزمندگی فطری کارگران آن‌گونه که در این اعتصابات خود را به نمایش گذاشته است، نشان می‌دهد آن‌گاه که زمان حرکت‌های عظیم انقلابی فرا رسیده باشد، همین

کارگران به سنت‌های خود وفادار خواهند ماند و کواکریسم[1] باعث فلج شدن آنـان نخواهد شد.

اما، هر رهبر اعتصابی، که سرش به تنش بیارزد، می‌داند راهش این نیست کـه اعتصابیون را بسیج کنند و پس از سـخنرانی در فوایـد "خشـونت" آنـان را بـرای "حمله" علیه اعتصاب‌شکن‌ها، اوباش و پلیس‌های قانون‌شکن بفرستند. کارگران و رزمندگان هر قدر هم که شجاع باشند ترجیح می‌دهند بـه شـکل صلح‌آمیـز بـه پیروزی دست یابند و از این راه نشان می‌دهند که عاقل و هشیار هستند. علاوه بر این‌ها، اعتصابیون در ابتدای کار تقریباً بدون استثناء درباره‌ی مسئولین حکـومتی توهم دارند، فکر می‌کنند که آن‌ها بی‌طرف‌اند و فرض را بـر ایـن مـی‌گذارنـد کـه آن‌هـا و کارفرمایـان و اجیرشدگانشـان بـه حقـوق اعتصـابیون و خواسـته‌هـای عادلانه‌شان احترام خواهند گذاشت .

آنها نیازمند تجربه هستند و به‌عنوان یک قاعده‌ی کلـی خیلـی زود هـم آن را به‌دست می‌آورند و نظرشان عوض می‌شود و به‌سوی مبارزه جلب می‌شـوند. آنان همچنین می‌خواهند اطمینان حاصل کنند که قانون حـامی آنـان اسـت. آن دسته از رهبران اعتصاب، که در پی خودنمایی نیستند، بلکه به دنبال پیـروزی در اعتصاب هستند، درک مـی‌کننـد کـه تنهـا راه دسـت یـافتن بـه پیـروزی ایجـاد همبستگی در فعالیت توده‌های مردم است و باید نقطه عزیمت خود را توهمـات و احساسات اعتصابیون قرار دهند. رهبران اعتصاب به هیچ وجه نمی‌توانند سرسری شروع کنند و بـرای تهـاجم خشـونت‌آمیـزِ اعتصـابیون "فراخـوان" صـادر کنـند. به‌عنوان اولین وظیفه خود باید طبیعتِ نـرمش‌ناپـذیر مبـارزه را توضـیح دهنـد و تشریح کنند که منافع کارفرمایان مانع از آن خواهد شد که بـازی عادلانـه پـیش

1- quakerism

برود و نقش مسئولین حکومتی را به‌عنوان کـارگزاران کارفرمایـان تشـریح کننـد. به‌عنوان دومین وظیفه‌ی خود باید به کارگران *هشدار* دهند که در انتظار حمـلات خشونت‌آمیز باشند. عنوان سومین وظیفه‌شان اینست که کارگران را برای *دفـاع از خود* و *دفاع از حقوقشان* آماده و متشـکل کننـد. در راسـتای ایـن خـط فکـری و به‌عنوان یک قاعده‌ی کلی فقـط در راسـتای ایـن خـط فکـری اسـت کـه مبـارزه می‌تواند آگاهانه سرعت بگیرد و وسعت پیـدا کنـد. هـر سـازماندهنده باتجربـه‌ی فعالیت‌های توده‌ای می‌داند که مؤثرترین فعالیـت تـوده‌ای اعتصـابیون بـر مبنـای *شعارهای تدافعی* شکل می‌گیرد و سازماندهی می‌شود.

مبارزه برای کسب قدرت سیاسی

مسایل متفاوت نخواهند بود، هنگامی که اقدامات عملی توده‌های کـارگران رو بـه فراز می گذارد و از سطح نازل اعتصاب اقتصادی به اوج قلـه‌ی مبـارزه‌ی طبقـاتی، یعنی مبارزه‌ی آشکار برای کسب قدرت سیاسی، ارتقاء پیدا می‌کند. در اینجا نیـز حرکت تحت شعارهای تـدافعی انجـام مـی‌گیـرد و در اغلـب مـوارد تحـت لـوای پایبندی به قانون صورت می‌پذیرد. تروتسـکی ایـن را در اثـر بـزرگ خـود *تـاریخ انقلاب روسیه* آن‌چنان متقاعد کننده تشریح کرده اسـت کـه هـیچ جـای جـدلی جدی در این موضوع در صفوف ما باقی نگذاشته است. به هر کـس کـه علاقمنـد یاد گرفتن است کافی است بگوییم: کتاب آنجاست، بروید و بخوانید. بـه منتقـدی که، بدون تعمق، تصور می‌کند فرمول‌های تدافعی بیانگر نوعی نازک نارنجی بودن و طفره رفتن از اصول است، ما می‌گـوییم و ثابـت خـواهیم کـرد: انقـلاب عظـیم روسیه این‌گونه سازماندهی شد و این‌گونه به پیروزی دست یافت.

تروتسکی مسأله را این‌گونه تشریح می‌کند:

آن طرفی که حمله را آغاز می‌کند، همیشه علاقمند است که در موضع تدافعی به‌نظر برسد. یک حزب انقلابی به پوشش‌های قانونی علاقمند است. کنگره‌ی در شرف تکوین شوراها، هر چند که اساساً شورای انقلاب است، با این حال، اگر توده‌های مردم کل حاکمیت را به آن تفویض نکرده باشند، یقیناً حداقل نیمِ بیشتر آن را اعطاء کرده‌اند. موضوع این است که یکی از اجزاء قدرت دوگانه علیه جزء دیگر قیام کرده است. کمیته‌ی انقلابی نظامی با توسل به کنگره به‌عنوان مرجع قدرت، حکومت را به اقدام علیه شوراها متهم کرده بود. این اتهام به‌طور منطقی از مسیر جریانات منتج می‌شد. از آنجایی‌که حکومت قصد نداشت بدون درگیری خود را تسلیم کند، پس راهی نداشت جز اینکه برای دفاع از خود آماده شود. اما، همین واقعیت باعث می‌شد حکومت در مقابل اتهام توطئه علیه بالاترین ارگان کارگران، دهقانان و سربازان ضربه‌پذیر شود. کنگره‌ی شوراها درصدد سرنگونی کرنسکی بود. همین کنگره خود قدرت را به کرنسکی تحویل داده بود. پس، زمانی که حکومت کرنسکی علیه کنگره‌ی شوراها دستش را بلند می‌کرد، دستش علیه همان‌هایی بلند می‌شد که قدرت را به او تحویل داده بودند.

اشتباه بدی خواهد بود اگر فکر کنیم که این‌ها همه موشکافی‌های بی‌ربطی هستند و مورد علاقه‌ی مردم نیستند. برعکس، حقایق بنیادین انقلاب، خود را بدین شکل در ذهن توده‌های مردم منعکس می‌ساختند. (تروتسکی، *تاریخ انقلاب روسیه*، ص. ۱۳۱۷-۱۳۱۸، تأکید از ما است).

مجدداً:

> گرچه قیام فقط در حالت تهاجم می‌تواند پیروز شود، اما، هر چه بیشتر تدافعی به‌نظر برسد، بهتر پیشرفت می‌کند، قطعه‌ای کائوچوی مهروموم بر روی در اطاق‌های هیأت تحریریه‌ی بلشویک‌ها از نظر نظامی اقدام بی‌اهمیتی است. اما، علامت فوق‌العاده باارزشی برای جنگ است! (تروتسکی، *تاریخ انقلاب روسیه*، ص. ۱۲۳۵).

در شب قیام پیروزمند اکتبر، بلشویک‌ها حکومت رسمی را به "توطئه‌چی‌ها" که دارند "حمله" می‌کنند متهم‌کردند، که باید با زور در مقابل‌شان مقاومت شود:

> تلفنگرام‌ها به کلیه‌ی نواحی و واحدهای پادگان‌ها حادثه را خبر دادند: "دشمن مردم در طول شب دست به حمله زد. کمیته نظامی انقلابی رهبری مقاومت علیه حمله‌ی توطئه‌گران را برعهده گرفته است." این توطئه‌گران، نهادهای دولت رسمی بودند. نوشتن چنین واژه‌ای توسط توطئه‌گران انقلابی تعجب‌آور به‌نظر می‌رسید. اما، این واژه کاملا منطبق بر شرایط و احساس توده‌های مردم بود (تروتسکی، *تاریخ انقلاب روسیه*، ص. ۱۲۳۵).

خبر این اتهام به سرتاسر کشور مخابره شد. قیام در پاسخ به "حمله‌ی" دشمن، امر موجهی تلقی می‌شد:

ملوان کورکف[1] این‌گونه به یادش آمده است: "تروتسکی به ما اطلاع داد که . . . خبر حمله‌ی ضدانقلاب را به اطلاع همه برسانیم." در اینجا نیز فراخوان قیام تحت پوشش فرمول‌های تدافعی به اطلاع کل کشور می‌رسد (تروتسکی، *تاریخ انقلاب روسیه*، ص. ۱۲۳۶).

همچنان‌که مبارزه پیش می‌رفت و به نقطه‌ی اوج خود نزدیک می‌شد، بلشویک‌ها در هر قدم از فرمول‌های تدافعی دست نمی‌کشیدند. نه برای اینکه مردم را به‌طور پیش پا افتاده‌ای فریب بدهند، بلکه به‌خاطر آنکه وقایع بدان شکل در ذهن کارگران و سربازان نقش بسته بود. حتی در گردهمایی جناح بلشویک‌ها در کنگره‌ی شوراها که در روز ۲۴ اکتبر، یعنی در همان روز قیام، برگزار شده بود، آن‌ها به هیچ وجه توسل به "روش حمله‌ی تدافعی" را کنار نگذاشتند. تروتسکی می‌نویسد:

> به هیچ وجه نمی‌شد تمامی نقشه‌ی قیام را در مقابل این گردهمایی به تفصیل تشریح کرد. هر آنچه در یک جلسه‌ی بزرگ گفته شود، به‌طور غیرقابل اجتنابی به بیرون درز می‌کند. غیرممکن بود که حایل دفاعی حمله کنار زده شود، بدون اینکه در ذهن برخی پادگان‌ها سردرگمی ایجاد کند. اما، لازم بود به نمایندگان تفهیم شود که مبارزه‌ای تعیین‌کننده آغاز شده و فقط مانده که کنگره آن را تاج‌گذاری کند (تروتسکی، *تاریخ انقلاب روسیه*، ص. ۱۲۳۹).

1- Kurkov

"همچنان که مبارزه پیش می‌رفت و به نقطه‌ی اوج خود نزدیک می‌شد، بلشویک‌ها در هر قدم از فرمول‌های تدافعی دست نمی‌کشیدند. نه برای اینکه مردم را به‌طور پیش پا افتاده‌ای فریب بدهند، بلکه به‌خاطر آنکه وقایع بدان شکل در ذهن کارگران و سربازان نقش بسته بود."

- جیمز پی کانن

عکس بالا: گارد سرخِ کارگران در حال گشت در کارخانه تسلیحات میخلسون Mikhelson، در جنوب مسکو، اکتبر ۱۹۱۷. **عکس پایین:** پتروگراد، اکتبر ۱۹۱۷. ملوانان بالتیک کمک می‌کنند تا گلوله‌های توپ از کشتی تخلیه شود، تا از انقلاب در مقابل سرمایه‌داران و زمینداران دفاع کنند.

بهترین روش‌ها برای انقلاب پرولتری

در ۲۳ اکتبر، یک روز قبل از قیام، همایش سراسری گارد سرخ در پتروگراد برگزار شد. طبق گزارش تروتسکی قطعنامه‌ی مصوب این همایش:

> . . . گارد سرخ را به‌عنوان "سازمان نیروهای مسلح طبقه‌ی کارگر به‌منظور مبارزه علیه ضدانقلاب و دفاع از دست‌آوردهای انقلاب تعیین کرد. " توجه کنید: بیست و چهار ساعت قبل از قیام، وظیفه‌ی محوله هنوز برمبنای دفاع تعیین شده بود، نه حمله (تروتسکی، *تاریخ انقلاب روسیه*، ص. ۱۲۱۳).

طبیعتاً، با توجه به بلشویک بودنشان، "دفاع" آن‌ها هیچ شباهتی به سیاست دست روی دست گذاشتن نداشت. آنان به عاقبت کار می‌اندیشیدند. اما، هرگز آن برتری را که از "در حال دفاع به‌نظر رسیدن" ناشی می‌شود کنار نگذاشتند. سخنرانی تروتسکی در ۲۴ اکتبر در همایش نمایندگان جناح بلشویک‌ها چنین نقل شده است:

> تروتسکی با ارجاع به مقاله‌های اخیر لنین نشان داد که اگر روابط عینی وقوع قیام را ممکن سازد و یا حتی آن را غیر قابل اجتناب کند در این‌صورت "توطئه، اصول مارکسیسم را نقض نمی‌کند." "مانع فیزیکی موجود بر سر راه قیام باید با ضربه‌ای کنار زده شود . . ." حال آنکه تا این لحظه کمیته‌ی نظامی انقلابی پا را از سیاست دفاع از خود فراتر نگذاشته است. البته، موضوع دفاع از خود باید به کفایت در ابعاد وسیع‌تری درک شود. تضمین انتشار مطبوعات بلشویک با کمک

نیروهای مسلح، یا استقرار [کشتی جنگی.م.] آرورا در آب‌های رودخانه‌ی نوا[1] ـ "رفقا، آیا این دفاع از خود نیست؟ ـ البته که دفاع است!" چنانچه حکومت بخواهد ما را بازداشت کند، ما در تدارک برای چنین موقعیتی بر روی سقف اسمولنی[2] مسلسل کار گذاشته‌ایم. "رفقا، این نیز قدمی در راه دفاع است" (تروتسکی، *تاریخ انقلاب روسیه*، صص. ۱۲۳۹-۱۲۴۰).

تروتسکی بسیار به‌خود زحمت می‌دهد تا توضیح دهد که انقلاب اکتبر از طریق به‌کارگیری فرمول‌های تدافعی همچون حلقه به حلقه‌ی یک زنجیره پیشرفت کرد و در زمانی در حدود سیزده یا شانزده روز "صدها هزار کارگر و سرباز دست به عملی زدند که شکل آن تدافعی، اما در اصل تهاجمی بود." در پایان این دوره که مردم کاملا بسیج شده بودند، "تنها یک مسأله جزیی باقی ماند" ـ قیام، که موفقیت آن نیز تضمین شده بود.

تنها راه درک صحیح انقلاب اکتبر آن است که دیدگاه خود را تنها به حلقه‌ی آخر این زنجیره محدود نکنید. طی روزهای آخر فوریه، بازی شطرنج قیام از حرکت اول تا حرکت پایانی بازی شده بود ــ یعنی تا تسلیم شدن. در انتهای اکتبر، قسمت عمده‌ی بازی به گذشته تعلق داشت. و در روز قیام فقط مسأله‌ی کوچکی باقی مانده بود تا حل شود: کیش و مات در دو حرکت. بنابراین، دوره‌ی انقلاب را باید از روز نهم اکتبر محاسبه کرد، یعنی زمانی که کشمکش بر سر پادگان آغاز

1- Aurora , Neva

2- Smolny [ستاد سیاسی بلشویک‌ها.م.]

> شد، یا از روز دوازدهم، زمانی که قطعنامه‌ی تشکیل کمیته‌ی نظامی انقلابی به تصویب رسید. لفافه‌ی مانور چیزی در حدود دو هفته طول کشید. قسمت تعیین کننده‌ی آن در حدود پنج یا شش روز طول کشید ـ یعنی از بدو تولد کمیته نظامی انقلابی تا فتح قصر زمستانی. در طول این مدت صدها هزار کارگر و سرباز دست به عملی زدند که شکل آن تدافعی بود، اما در اصل تهاجمی. مرحله‌ی نهایی، یعنی زمانی که قیام کنندگان در نهایت قدرت دوگانه را با تمام قانونی بودن مشکوک و واژگان تدافعی‌اش به کناری انداختند، دقیقاً بیست و چهار ساعت طول کشید: از ۲ بامداد ۲۵ام تا ۲ بامداد ۲۶ام (تروتسکی، *تاریخ انقلاب روسیه*، صص. ۱۳۳۵-۱۳۳۶).

تا این لحظه‌ی تعیین کننده، بلشویک‌ها نه‌تنها بر تدافعی بودن فعالیت‌هایشان تأکید ورزیدند، بلکه همچنین از تأکید بر قانونی بودن شوراها "که مردم سخت بدان تعصب داشتند" دست برنداشتند. قاعدتاً دفاع ما از "قانونی بودن" انقلاب اکتبر باید آقای شواین‌هات، دادستان حکومت در دادگاه مینیاپولیس، را شوکه کرده باشد. او، همانند بسیاری دیگر، تصور می‌کرد بلشویک‌ها چیزهای پیش پا افتاده‌ای نظیر توجیه قانونی را متکبرانه کنار می‌گذاشتند، حتی اگر توجیه قانونی میسر می‌بود. دادستان بالاخص باید زمانی دچار ناکامی شده باشد که ما در بازپرسی مستقیم از قانونی بودن آن انقلاب دفاع کردیم. و ما پنهان‌کاری نمی‌کردیم. تروتسکی به این سؤال در جدل با پروفسور پاکروفسکی[1] پاسخ داد. این پروفسور تلاش می‌کرد که پایبندی بلشویک‌ها به "قانونی بودن" را به سخره

1- Pokrovsky

بگیرد. تروتسکی اجازه نمی‌داد چنین مباحثاتی حتی در قالب مزاح نیز بی‌پاسخ بماند. او پاسخ می‌دهد:

> پروفسور پاکروفسکی نفس اهمیت دوگزینه را به زیر سؤال می‌برد: شورا یا حزب. او خنده سر می‌دهد: سربازان خشک و مقرراتی نیستند، آنان برای سرنگونی کرنسکی به کنگره‌ی شوراها احتیاجی نداشتند. طرح مسأله بدین‌گونه، با تمام ظرافت طبع، این سؤال را بدون پاسخ می‌گذارد: اگر حزب کافی است، پس چرا اصلا باید شورا تشکیل می‌شد؟ این پروفسور ادامه می‌دهد: "جالب اینجاست که تمایل به انجام همه‌ی کارها از طریق قانونی هیچ ثمره‌ای به‌بار نیاورد و در لحظه‌ی آخر قدرت به دست شوراها تسخیر نشد، بلکه به‌دست یک سازمان 'غیرقانونی' تسخیر شد که موقتاً ایجاد شده بود." پاکروفسکی در اینجا بدین واقعیت اشاره دارد که تروتسکی مجبور شد، نه به نام شوراها، بلکه به نام "کمیته نظامی انقلابی" اعلام کند حکومت کرنسکی وجود خارجی ندارد. نتیجه‌گیری غیر قابل انتظاری است. کمیته‌ی نظامی انقلابی یک ارگان منتخب شورا بود. نقش رهبری کمیته در سرنگونی به هیچ وجه قانونیت شوراها را، که پروفسور به سُخره می‌گیرد اما توده‌های مردم شدیداً محافظش بودند، مخدوش نمی‌کند (تروتسکی، *تاریخ انقلاب روسیه*، ص. ۱۳۲۸).

پس از این توضیحات تروتسکی درباره‌ی شعارهای تدافعی که بلشویک‌ها بر مبنای آن مبارزه‌ی پیروزمندانه‌ی خود را برای کسب قدرت سازماندهی کردند،

لازم نیست یک کلمه بیشتر در این‌باره توضیح داده شود. روشی که در آنجا به‌کـار گرفته شد اعتبار خدشه‌ناپذیری را پدید می‌آورد، مبتنی بر این واقعیت که نه تنها این روش به‌خوبی تشریح شده، بلکه در راه پیروزی عظیم‌ترین انقلاب تاریخ به‌کار رفته است. با توجه به شفافیت موجود، فرمول‌هـای تـدافعی بـه‌کـار گرفتـه شـده توسط ما در دادگاه مینیاپولیس نه تنها نباید انکار شود، بلکه بایـد قاطعانـه تأییـد شود. این فرمول‌ها برای ارتباط تبلیغاتی با کارگران آمریکـایی صـحیح هسـتند. و برای بسیج کارگران، در راه ایجاد عمل فراگیر تـوده‌هـای مـردم در کلیـه مراحـل رشد انقلاب پرولتاریایی در ایالات متحده، بهترین روش هستند.

نیویورک، مه ۱۹۴۲

فهرست سایر کتب جیمز پی کانن

Other Books by James P. Cannon

The First Ten Years of American Communism

The History of American Trotskyism

The Left Opposition in the U.S., 1928–31

The Communist League of America,1932–34

The Founding of the Socialist Workers Party

The Struggle for a Proletarian Party

The Socialist Workers Party in World War II, 1940–43

Letters from Prison

The Struggle for Socialism in the 'American Century,' 1945–47

Speeches to the Party

Notebook of an Agitator

Speeches for Socialism

America's Road to Socialism

Background to 'The Struggle for a Proletarian Party'

The Fight against Fascism in the U.S.A.

What Is American Fascism?

The Revolutionary Party

James P. Cannon: A Political Tribute

James P. Cannon as We Knew Him

James P. Cannon: The Internationalist

واژه‌نامه

استالین، جوزف (۱۹۵۳-۱۸۷۹) - Stalin, Joseph از سال ۱۹۲۲ دبیرکل کمیته مرکزی حزب کمونیست بود. بعد از مرگ لنین بر مسند نفی خط‌مشی انترناسیونالیستی حزب کمونیست روسیه و بین‌الملل کمونیست قرار گرفت. در دهه‌ی ۱۹۳۰ محاکمات پاپوش‌دوزانه و اعدام اکثریت رهبران بلشویک دوران لنین را سازماندهی کرد.

انگلس، فردریک (۱۸۹۵-۱۸۲۰) - Engels, Frededrick مؤسس جنبش کمونیستی کارگران در عصر مدرن، همراه با کارل مارکس.

بیلینگز، وارن، ک (۱۹۷۲-۱۸۹۴) - .Billings, Warren K سازمانده اتحادیه‌های کارگری که همراه با تام مونی در سال ۱۹۱۶ به اتهام ساختگی نقشه‌کشیدن برای بمب‌گذاری برایشان پاپوش‌دوزی شد. در سال ۱۹۳۹ از زندان آزاد شد.

پاکروفسکی، ام ان (۱۹۳۲-۱۸۶۸) - .Pokrovsky, M.N مؤلف کتابی در باره‌ی تاریخ انقلاب روسیه. در سال ۱۹۲۹ در زمان استالین به سمت صدارت آکادمی علوم شوروی منصوب شد.

پلخانف، جورج وی (۱۹۱۸-۱۸۵۶) - .Plekhanov, George V مؤسس نخستین سازمان مارکسیستی در روسیه در سال ۱۸۸۳ به نام "سازمان رهایی کارگری". نویسنده‌ی آثار بسیاری در باره‌ی مارکسیسم. بعد از انشعاب ۱۹۰۳ در حزب کارگرِ سوسیال دموکرات روسیه از منشویک‌ها حمایت کرد. در جنگ جهانی اول فراخوان پیروزی رژیم تزار و سایر قدرت‌های "متفق" Entente بر امپریالیسم آلمان را صادر کرد. با انقلاب اکتبر مخالفت کرد.

تابین، دانیل (۱۹۵۵-۱۸۷۵) - Tobin, Daniel رییس اتحادیه تیمسترز از سال ۱۹۰۷ تا ۱۹۵۲. از نزدیک با کابینه‌ی روزولت همکاری کرد تا پاپوش‌دوزی علیه رهبری طبقه – مبارز اتحادیه، شعبه‌ی مینیاپولیس را سازماندهی کنند.

تروتسکی، لئون (۱۹۴۰-۱۸۷۹) - Trotsky, Leon در اوت ۱۹۱۷ به حزب بلشویک پیوست و به کمیته‌ی مرکزی انتخاب شد. رهبر مرکزی جمهوری شوروی، ارتش سرخ و بین‌الملل کمونیست. از سال ۱۹۲۳ مبارزه در حزب کمونیست روسیه و بین‌الملل کمونیست را رهبری کرد تا سیاست‌های انترناسیونالیستی بلشویکی را تداوم بخشد. در سال ۱۹۲۷ از حزب اخراج شد. در سال ۱۹۲۹ تبعید شد. توسط مأمور استالین ترور شد.

حزب بلشویک - حزب طبقه-کارگری بلشویک تحت رهبری وی. آی. لنین؛ کارگران و دهقانان را درانقلاب پیروزمند اکتبر ۱۹۱۷ در روسیه رهبری کرد. در کنگره ۱۹۰۳ حزب کارگرِ سوسیال دموکرات روسیه جناح اکثریت (بلشویک) بود و عمدتاً از همان زمان همانند یک حزب منفک از جناح منشویک‌ها (اقلیت) فعالیت می‌کرد.

حزب سوسیال رولوسیونر (روسیه) - Social Revolutionary Party (Russia) همچنین معروف به "حزب سوسیالیست انقلابی". در سال ۱۹۰۰ بر یک پایه‌ی دهقانی بنیان‌گذاری شد. جناح راست‌اش با انقلاب اکتبر ۱۹۱۷ مخالفت کرد. جناح چپ‌اش در ابتدا از انقلاب اکتبر حمایت کرد و به حکومت کارگران و دهقانان پیوست؛ بعدها به ضدانقلاب ملحق شد.

حزب کارگرِ سوسیال دموکرات روسیه - تأسیس ۱۸۹۸، سَلَف حزب کمونیست اتحاد شوروی. در سال ۱۹۰۳ به دو جناح منشویک و بلشویک تقسیم شد.

دابز، فارل (۱۹۸۳-۱۹۰۷)- Dobbs, Farrel در سال ۱۹۳۴ به سازمان کمونیست آمریکا (سازمان سَلَف حزب کارگران سوسیالیست) پیوست و از ۱۹۴۹ تا ۱۹۵۳ دبیر کل و از ۱۹۵۳ تا ۱۹۷۲ دبیر سراسری این حزب بود. رهبر برخاسته از صف

اعتصاب تیمسترز در سال ۱۹۳۴؛ در دهه‌ی ۱۹۳۰ رهبر مرکزی کمپین سازماندهی [رانندگان خارج از شهر کامیون‌ها.م.] بود که بیش از ۲۰۰,۰۰۰ تن را از داکوتای شمالی تا اُهایو متشکل کرد. در زمان جنگ جهانی دوم بر مبنای قانون اسمیت محاکمه، محکوم و زندانی شد.

سازمان بین‌المللی دفاع کارگری - International Labor Defense در سال ۱۹۲۵ توسط حزب کمونیست [ایالات متحده.م.] برای دفاع از همه‌ی قربانیان طبقه‌-کارگری، که برایشان پاپوش‌دوزی می‌شد و بدون توجه به اینکه به چه حزبی وابسته باشند، بنیان‌گذاری شد؛ جیمز پی کانن دبیرش بود.

روزولت، فرانکلین دی (۱۹۴۵-۱۸۸۲) - .Roosevelt, Franklin D رییس‌جمهور ایالات متحده به نمایندگی از طرف حزب دموکرات از سال ۱۹۳۳ تا ۱۹۴۵. حزب کمونیست، حزب سوسیالیست و اکثریت صاحب‌منصبان "کنگره‌ی سازمان‌های صنعتی" و "فدراسیون کارگران آمریکا" از او به عنوان "مترقی" حمایت کردند.

زینوویف، گریگوری (۱۹۳۶-۱۸۸۳) - Zinoviev, Grigory عضو دفتر سیاسی حزب کمونیست از ۱۹۲۱ تا ۱۹۲۷. صدر بین‌الملل کمونیست، ۱۹۱۹ تا ۱۹۲۶. بعد از نخستین محاکمات پاپوش‌دوزانه‌ی مسکو اعدام شد.

ساکو، نیکولا (۱۹۲۷-۱۸۹۱) - Sacco Nicola آنارشیست مهاجر که به همراه بارتولومئو ونزتی به جرم پاپوش‌دوزانه‌ی قتل و دزدی در سال ۱۹۲۰ محکوم شد. به رغم کمپین جهانی که "سازمان بین‌المللی دفاع کارگری" رهبریش را برعهده داشت، در سال ۱۹۲۷ اعدام شد.

شواین‌هات، هنری ای (۱۹۷۰-۱۹۰۲)- .Schweinhaut, Henry A معاون دادستان کل دولت روزولت، رییس "بخش آزادی‌های مدنی" وزارت دادگستری. در سال ۱۹۴۱ به مینه‌سوتا اعزام شد تا ریاست دادستانی در محاکمه رهبران اتحادیه تیمسترز و حزب کارگران سوسیالیست به جرم توطئه برای سرنگونی دولت را بر

عهده بگیرد. قاضی فدرال دردادگاه منطقه‌ای ایالات متحده برای منطقه‌ی کلمبیا از ۱۹۴۴ تا ۱۹۷۰.

قانون "خفقانی" اسمیت - Smith 'Gag' Act در ژوئن ۱۹۴۰ رییس‌جمهور، فرانکلین روزولت آن را تصویب کرد؛ به عنوان بخشی از تدارک برای اعزام کارگران ایالات متحده به آنچه بعدها به جنگ جهانی دوم تبدیل شد. نخستین بار در نوامبر ۱۹۴۱ طی محاکمه‌ی رهبران اتحادیه تیمسترز و حزب کارگران سوسیالیست به آن استناد شد. متعاقباً در اوایل سال ۱۹۴۹ علیه حزب کمونیست به‌کار گرفته شد. طبق آن قانون، تبلیغ عقاید انقلابی یک جرم فدرال محسوب می‌شد.

قانون ضد اعتصاب استاسِن - Stassen Anti-Strike Law قانونی که فرماندار مینه‌سوتا، هارولد استاسِن در سال ۱۹۳۹ تصویب کرد که به موجب آن تا پنجاه روز در شروع اعتصاب‌ها وقفه ایجاد می‌شد.

کامنوف، لئون (۱۸۸۳-۱۹۳۶) - Kamenev, Leon از ۱۹۰۳ بلشویک بود. در سال ۱۹۱۷ به کمیته‌ی مرکزی حزب بلشویک انتخاب شد؛ عضو دفتر سیاسی حزب کمونیست شوروی از ۱۹۱۷ تا ۱۹۲۶. در سال ۱۹۲۸ تسلیم جناح استالین شد. در محاکمات پاپوش‌دوزانه‌ی مسکو اعدام شد.

کرنسکی، الکساندر (۱۸۸۲-۱۹۷۰) - Kerensky, Alexander صدر دولت موقت، پیش از پیروزی انقلابی شوراهای کارگران، دهقانان و سربازان در انقلابی که بلشویک‌ها در سال ۱۹۱۷ رهبری کردند.

کمون پاریس - از ۱۸ مارس تا ۲۸ مه ۱۸۷۱، کارگران، استادکاران و سایر زحمتکشان پاریس دولت انقلابی خودشان را مستقر کردند که نخستین مثال تاریخی کسب قدرت توسط کارگران بود. نیروهای بورژوازی فرانسه آن را سرکوب کردند. به منظور تضمین ارعاب، ۲۰,۰۰۰ تن از زحمتکشان قتل‌عام شدند.

کنگره‌ی سازمان‌های صنعتی- CIO = Congress of Industrial Organizations درسال ۱۹۳۰ سازماندهی کارگران را در صنایع خودروسازی، فولاد، برق و سایرصنایع تولید عمده، رهبری کرد. در سال ۱۹۵۵ با فدراسیون کارگران آمریکا در هم ادغام شدند.

گوچکف، آلکساندر (۱۹۳۶-۱۸۶۲) - Guchkov, Alexander وزیر جنگ دولت موقت که درانقلاب فوریه ۱۹۱۷ در روسیه مستقر شد؛ پیش از پیرزوی انقلابی شوراهای کارگران، دهقانان و سربازان در انقلاب اکتبر ۱۹۱۷ تحت رهبری بلشویک‌ها.

گولدمن، آلبرت (۱۹۶۰-۱۸۹۷) - Goldman, Albert رهبر حزب کمونیست در شیکاگو در اواخردهه‌ی ۱۹۲۰ و اوایل دهه‌ی ۱۹۳۰. در سال ۱۹۳۳ به سازمان کمونیست آمریکا پیوست. مشاور دفاع از رهبران محکوم به زندان حزب کارگران سوسیالیست (از جمله خودش) که در سال ۱۹۴۱ بر مبنای قانون اسمیت محاکمه، محکوم و زندانی شدند. در سال ۱۹۴۶ از حزب کارگران سوسیالیست بُرید.

لنین، وی آی (۱۹۲۴-۱۸۷۰) — Lenin, V.I. رهبر مرکزی حزب بلشویک روسیه از سال ۱۹۰۳. در سال ۱۹۰۷ تبعید شد. بلشویک‌ها را در مبارزه برای جایگزینی رژیم سرمایه‌داران و زمینداران با سوویت‌های (شوراهای) کارگران، دهقانان و سربازان در اکتبر ۱۹۱۷ رهبری کرد. رهبر مرکزی جمهوری کارگران و دهقانان و بین‌الملل کمونیست.

لوید جرج، دیوید (۱۹۴۵-۱۸۶۳)- Lloyd George, David اولین نخست‌وزیر انگلستان به نمایندگی از طرف حزب لیبرال (۱۹۲۲-۱۹۱۶).

مارکس، کارل (۱۸۸۳-۱۹۱۸) - Marx, Karl مؤسس جنبش کارگری کمونیستی عصر مدرن، همراه با فردریک انگلس.

مک‌دونالد، رَمزی (۱۹۳۷-۱۸۶۶)- MacDonald, Ramsay اولین نخست‌وزیر انگلستان به نمایندگی از طرف حزب کارگر، ۱۹۲۴، ۱۹۲۹-۱۹۳۱.

منشویک‌ها - جناحی از حزب کارگرِ سوسیال دموکرات روسیه که شروعش از انشعاب از بلشویک‌ها در سال ۱۹۰۳ بود.

مونی، تام (۱۹۴۲-۱۸۸۲) - Mooney, Tom سازمانده اتحادیه‌های کارگری که همراه با وارن ک بیلینگز در سال ۱۹۱۶ در سانفرانسیسکو به اتهام پاپوش‌دوزانه‌ی توطئه برای بمب‌گذاری زندانی شد. در سال ۱۹۳۹ آزاد شد.

میشل، لوئیزا (۱۹۰۵-۱۸۳۰) - Michel, Loise یکی از رزمندگان کمون پاریس در سال ۱۸۷۱ که دستگیر، محاکمه و به مستعمره‌ی فرانسه در اقیانوس آرام، کالدونیای جدید، تبعید شد.

نکراسف، نیکولای وی (۱۹۴۰-۱۸۷۹) - .Nekrasov, Nikolai V معاون نخست‌وزیر دولت موقت بورژوا در روسیه، استاندار فنلاند تا زمان انقلاب اکتبر ۱۹۱۷.

ونزتی، بارتولومئو (۱۹۲۷-۱۸۸۸) - Vanzetti, Bartolomeo آنارشیست مهاجر که همراه با نیکولا ساکو به جرم قتل و دزدی در سال ۱۹۲۰ علیه‌شان پاپوش‌دوزی شد. در سال ۱۹۲۷ به‌رغم کمپین جهانی "سازمان بین‌المللی دفاع کارگری،" اعدام شد.

هیأت دویی - Dewey Commission هیأت تحقیق به ریاست جان دویی، استاد برجسته ی دانشگاه ایالات متحده. این هیأت در آوریل ۱۹۳۷ در مکزیک جلسات دادرسی برگزار کرد تا اتهاماتی را بررسی کند که رژیم استالین در محاکمات پاپوش‌دوزانه‌ی مسکو علیه لئون تروتسکی اعلام کرده و او را "مأمور" رژیم نازیِ هیتلر خوانده بود که "علیه دولت شوراها مرتکب جنایت شده است." این هیأت تروتسکی را بی‌گناه اعلام کرد.

فهرست اعلام و موضوعات

نشر طلایه پُرسو منتشر کرده است:

◈**دو جهان در شب**
میراث امپریالیسم و راه پیشرفت اجتماعی و فرهنگی
اثر: جک بارنز   مترجم: ناصر یکتا   ۱۶۰ صفحه

◈**صفحاتی از تاریخ: زنان و انقلاب**
اثر: ماری ـ آلیس واترز   مترجم: مسعود صابری   ۱۰۴ صفحه

◈**تاریخ ما هنوز دارد نوشته می‌شود**
روایت سه ژنرال چینی ـ کوبایی در انقلاب کوبا
مترجم: ناصر یکتا
۳۲۰ صفحه

◈**صداهایی از زندان**
پنج کوبایی
مترجم: ناصر یکتا   ۱۱۲ صفحه

◈**من همانگونه خواهم مُرد که زیسته‌ام**
۱۵ نقاشی آبرنگ از آنتونیو گوئررو
به مناسبت پانزدهمین سالروز زندانی شدن پنج کوبایی در ایالات متحده
مترجم: ناصر یکتا
۴۰ صفحه

◈**این پنج کوبایی**
آن‌ها کیستند، چرا علیه‌شان پاپوش‌دوزی شد، چرا باید آزاد شوند
مترجم: ناصر یکتا
۱۳۲ صفحه

◈**مالکم ایکس، رهبر انقلابی طبقه‌ی کارگر**
اثر: جک بارنز
مترجم: افشین صدرایی
۲۰۸ صفحه

◈**چهره‌ی در حال تغییر سیاست در ایالات متحده**
سیاست‌های طبقه‌ـکارگری و اتحادیه‌ها
اثر: جک بارنز
مترجم: شهره ایزدی
۲۴۰ صفحه

◈**سرمایه‌داری و دگردیسی آفریقا**
گزارش‌هایی از گینه‌ی استوایی
اثر: ماری ـآلیس واترز، مارتین کُپل
مترجم: مسعود صابری
۱۹۲ صفحه

◈**انقلابی که به آن خیانت شد (چاپ دوم)**
اتحاد شوروی چیست و به کجا می‌رود؟
اثر: لئون تروتسکی   مترجم: مسعود صابری
۳۶۰ صفحه

◈**اولین و دومین بیانیه‌ی هاوانا**
مانیفست مبارزه‌ی انقلابی در قاره‌ی آمریکا، مصوب مجمع ملی مردم کوبا
مترجم: ناصر یکتا
۱۴۴ صفحه

◈**تحول آن‌ها و تحول ما**
اثر: جک بارنز
مترجم: مسعود صابری
۱۲۸ صفحه

◈**سرمایه‌داری و تخریب محیط زیست**
اثر: جک بارنز، ماری ـ آلیس واترز و استیو کلارک
مترجم: حامد شمس
۸۰ صفحه

◈**کوبا و انقلاب آینده آمریکا**
اثر: جک بارنز
مترجم: مسعود صابری
۱۷۶ صفحه

◈**مالکم ایکس، نتایج و چشم‌انداز مبارزات سیاهان در ایالات متحده**
ختم دیکتاتوری سرمایه، ختم نژادپرستی
اثر: جک بارنز
مترجم: افشین صدرایی
۱۷۲ صفحه

◈**آیا انقلاب سوسیالیستی در ایالات متحده امکان‌پذیر است؟**
اثر: ماری ـآلیس واترز
مترجم: مسعود صابری
۹۶ صفحه

◈**فصلی از تاریخ مبارزه برای حقوق سیاسی در آمریکا**
اثر: لری سیگل
مترجم: مسعود صابری
۱۲۴ صفحه

◈**زمستان داغِ طولانی سرمایه‌داری شروع شده است**
اثر: جک بارنز
مترجم: مسعود صابری
۱۵۲ صفحه

◈**مانیفست کمونیست (چاپ چهارم)**
اثر: کارل مارکس ؛ فردریک انگلس مترجم: مسعود صابری
۱۰۴ صفحه

◈**سوسیالیسم: تخیلی و علمی (چاپ دوم)**
با مقدمه‌ی جورج نوواک
اثر: فردریک انگلس مترجم: مسعود صابری
۱۲۸ صفحه

◈**شورش تیمسترها (چاپ دوم)**
فصلی از تاریخ اتحادیه‌ها در آمریکا
اثر: فارِل دابز مترجم: مسعود صابری ۳۴۸ صفحه

◈**امپریالیسم، بالاترین مرحله‌ی سرمایه‌داری (چاپ دوم)**
اثر: ولادیمیر ایلیچ لنین
مترجم: مسعود صابری
۱۷۶ صفحه

◈**ما وارثان انقلاب‌های جهان هستیم (چاپ سوم)**
سخنرانی‌هایی از انقلاب بورکینا فاسو، ۱۹۸۳- ۱۹۸۷
اثر: توماس سانکارا
مترجم: مسعود صابری
۱۱۲ صفحه

◈**فمنیسم و جنبش مارکسیستی، آیا سرنوشت زن را ساختار بدنش تعیین می کند؟ (چاپ سوم)**
اثر: ماری- آلیس واترز، و اولین رید
مترجم: مسعود صابری
۱۲۰ صفحه

◈**تروتسکی آن‌ها و تروتسکی ما (چاپ سوم)**
اثر: جک بارنز
مترجم: مسعود صابری
۱۹۲ صفحه

◈**نسل‌کُشی سرخپوستان (چاپ دوم)**
نقش آن در صعود سرمایه‌داری در ایالات متحده
اثر: جورج نوواک
مترجم: مسعود صابری
۸۰ صفحه

◈**امپریالیسم ایالات متحده جنگ سرد را باخته است (چاپ دوم)**
اثر: جک بارنز
مترجم: مسعود صابری
۳۰۴ صفحه

◈**محاکمه‌ی سوسیالیسم (چاپ سوم)**
اثر: جیمز پی. کانن
مترجم: مسعود صابری
۲۷۲ صفحه

◈**مارکسیسم و تروریسم (چاپ سوم)**
اثر: لئون تروتسکی
مترجم: مسعود صابری
۶۴ صفحه

◈**نظری گسترده بر تاریخ (چاپ سوم)**
اثر: جورج نوواک
مترجم: مسعود صابری
۸۰ صفحه

◈**چشم‌انداز دگردیسی در آموزش (چاپ سوم)**
خدعه‌ی اصلاح تعلیم و تربیت در سرمایه‌داری
اثر: جک بارنز مترجم: شهره ایزدی
۶۴ صفحه

◈ **پورتوریکو: مستعمره‌ی ایالات متحده (چاپ دوم)**
«استقلال یک ضرورت است»
اثر: رافائل کانسل میراندا
مترجم: سیاوش سماواتی
۹۶ صفحه

◈ **ساختن تاریخ (چاپ دوم)**
مصاحبه با چهار ژنرال نیروهای مسلح انقلابی کوبا
مترجم: سروش محبی
۲۳۳ صفحه

◈ **تحول در دریا (چاپ سوم)**
دگرگونی سیاسی در بطن ایالات متحده
اثر: جک بارنز
مترجم: شهره ایزدی
۶۴ صفحه

◈ **ما بردگان تا به کجا آمده‌ایم! (چاپ چهارم)**
آفریقای جنوبی و کوبا در دنیای امروز
اثر: نلسون ماندلا و فیدل کاسترو
مترجم: مسعود صابری
۱۱۲ صفحه

◈ **مالکم ایکس با جوانان سخن می‌گوید (چاپ دوم)**
اثر: مالکم ایکس
مترجم: مسعود صابری
۱۶۸ صفحه

◈ **اعتلای زن و انقلاب آفریقا (چاپ دوم)**
اثر: توماس سانکارا
مترجم: شهره ایزدی
۹۶ صفحه

◈ **گام‌های امپریالیسم به سوی فاشیسم و جنگ (چاپ دوم)**
اثر: جک بارنز
مترجم: شهره ایزدی
۱۹۶ صفحه

◈ **شلیک اولین توپ‌های جنگ جهانی سوم (چاپ دوم)**
علل تهاجم واشنگتن علیه عراق
اثر: جک بارنز
مترجم: شهره ایزدی
۲۲۴ صفحه

◈ **انسان و سوسیالیسم در کوبا (چاپ پنجم)**
اثر: چه گوارا و فیدل کاسترو
مترجم: شهره ایزدی
۸۸ صفحه

Also from **Pathfinder***:*

The Clintons' Antilabor Legacy: Roots of the 2008 World Financial Crisis

In *New International no. 14*

Jack Barnes Explains that "the Clinton administration was responsible for decisive steps enabling the U.S. rulers to erect the enormous edifice of household, corporate, and government debt, and its accompanying array of derivatives, that are at the foundation of the current world financial crisis."

Capitalism's Long Hot Winter Has Begun

Jack Barnes Today's sharpening interimperialist conflicts are fueled both by what will be decades of economic, financial, and social convulsions and class battles and by the most far-reaching shift in U.S. military policy and organization since the late 1930s, when Washington prepared to transform the Asian and European wars into World War II. Class-Struggle-minded working people must face this historic turning point for imperialism, this cataclysmic crisis for "the West" and for "Christendom." And draw satisfaction from being "in their face" as we chart a revolutionary course to confront it. New International no. 12 also includes: "Their Transformation and Ours," Socialist Workers Party Resolution, and "Crisis, Boom, and Revolution: 1921 Reports by V.I. Lenin and Leon Trotsky."

Our Politics Start With The World

Jack Barnes The huge inequalities between imperialist and semicolonial countries, and among classes within almost every country, are produced, reproduced and accentuated by the workings of capitalism. For vanguard workers to build parties able to lead a successful revolutionary struggle for power in our own countries, says Jack Barnes, our activity must be guided by a strategy to close this gap. "We are part of an international class that itself has no homeland. That's not a slogan. It is a recognition of the class reality of economic, social, and political life in the imperialist epoch." New International no. 13 also includes: "Farming, Science, and the Working Classes" by Steve Clark and "Capitalism, Labor, and Nature: An Exchange" by Richard Levins, Steve Clark.

This book is volume two of a Farsi translation of:

Socialism on Trial

Testimony at Minneapolis Sedition Trial

By
James P. Cannon
Edited by Steve Clark

First edition, 1942
Sixth Edition 2014

ISBN for the English version 978-1-60488-064-9
ISBN for Farsi version 978-964-5783-36-3

Translation by
Masoud Saberi

Farsi publisher:
Talaye Porsoo Publications
www.talayeporsoo.com
info@talayeporsoo.com
P.O. Box 13955-343
Tehran – Iran

This book is volume two of a Farsi translation of

Socialism on Trial

Testimony at Minneapolis Sedition Trial

By

James P. Cannon

Edited by Steve Clark

Sixth Edition 2014

Pathfinder Press

ISBN for the English version 978-1-60488-064-9

Pathfinder Press

www.pathfinderpress.com

pathfinder@pathfinderpress.com